轮机工程的变革：
机电一体化的崭新世界

● 潘志翔　王万全　徐　静 ◎著

中国商业出版社

图书在版编目（CIP）数据

轮机工程的变革：机电一体化的崭新世界 / 潘志翔，
王万全，徐静著. -- 北京：中国商业出版社，2024.9.
ISBN 978-7-5208-3076-8

Ⅰ. U676.4

中国国家版本馆 CIP 数据核字第 2024KE9451 号

责任编辑：王　彦

中国商业出版社出版发行

（www.zgsycb.com　100053　北京广安门内报国寺 1 号）

总编室：010-63180647　编辑室：010-63033100

发行部：010-83120835 / 8286

新华书店经销

廊坊市博林印务有限公司印刷

＊

710 毫米 ×1000 毫米　16 开　12.75 印张　212 千字

2024 年 9 月第 1 版　2024 年 9 月第 1 次印刷

定价：58.00 元

＊＊＊＊

（如有印装质量问题可更换）

作者简介

　　潘志翔，男，现就职于共青科技职业学院航海学院，副教授。毕业于武汉理工大学动力系内燃机专业，学士学位。主要研究方向为船舶轮机工程技术。先后发表《乌江高效货运组织与船型技术》《Z6170ZLC 型 LNG- 柴油双燃料船用增压发动机性能仿真分析》等专著与文章三十多篇。

　　王万全，男，现就职于共青科技职业学院，教师，毕业于集美大学船舶电气专业，本科学历，主要研究方向为船舶电气与自动化，曾在多个船务公司担任经理及主管要职，对船舶机械设备机电一体化和自动控制有丰富的实践和管理经验。

　　徐静，女，现就职于共青科技职业学院，助教。毕业于南昌大学公共管理学院社会保障专业，硕士研究生学历。主要研究方向为社会福利与社会救助、航运教育与人才培养。在《社会福利》期刊上发表过论文，参与江西省教改课题并成功立项。

前　言

　　《轮机工程的变革：机电一体化的崭新世界》一书，深入剖析了机电一体化如何引领轮机工程的革新。本书从轮机工程的历史背景到机电一体化的基础理论，再到技术与创新，全面展示了机电一体化在轮机领域的应用和影响。通过实践案例分析，读者可以深刻体会到这一技术变革带来的实际效益。同时，本书也探讨了设计与优化方法，以及机电一体化在环境与可持续性方面的考量。最后，展望了机电一体化和轮机工程的未来趋势。本书适合轮机工程、机电一体化及相关领域的研究人员、工程师和学生阅读，有助于他们全面了解机电一体化在轮机工程中的重要作用和发展前景。

目　录

第1章 轮机工程：
从历史演进到现代理论与实践

　　轮机工程是推动工业与交通领域持续发展的核心力量，技术进步和创新影响着整个社会的演变。随着科技的不断突破，轮机工程从原始的机械动力逐渐进化为高度自动化、智能化的系统，带来前所未有的便利与效能。轮机工程的起源可以追溯到古代，当时人类开始尝试利用自然力量，如水力、风力等，来驱动简单的机械装置。这些原始的动力系统是轮机工程的雏形，为后续的技术进步奠定了基础。19世纪末，蒸汽机的出现为轮机工程带来了革命性的变革。蒸汽机以其强大的动力和稳定的性能，极大地推动了工业革命和航运业的发展。蒸汽轮船的出现，使得航运速度和载重量大幅提升，加速了世界各地的贸易和文化交流。20世纪初，内燃机的发明和应用进一步推动了轮机工程的发展。内燃机以其高效、轻便和灵活的特点，逐渐取代了蒸汽机，成为新一代动力系统的代表。特别是柴油机的广泛应用，使得轮机工程的性能和效率得到了显著提升。随着科技的进步，机电一体化技术逐渐融入轮机工程中。传感器技术、自动化控制技术等的应用，使得轮机系统能够实现更精准的监测和控制，提高了运行效率和安全性。机电一体化的出现，标志着轮机工程进入了智能化、自动化的新时代。轮机工程的技术进步不仅推动了工业领域的发展，更对社会经济、环境产生了深远的影响。更高效、更环保的轮机系统不仅降低了能源消耗和排放，还为人类创造了更便捷、更安全的交通方式。同时，轮机工程的发展也促进了相关产业链的完善，为就业和经济增长注入了新的活力。在本章中，我们将深入探讨轮机工程的演进历程以及机电一体化在其中的重要作用。

轮机工程的演进历程

轮机工程是工业技术的核心分支，承载着动力系统的设计与创新。自其诞生至今，经历了数次技术革命，每一次变革都深刻地影响了人类社会的生产方式与生活面貌，轮机工程的发展历程从最初的手工操作到现代的自动化控制，从简单的机械结构到复杂的高精度系统。本节将回溯轮机工程的演进历程，从早期的原始动力利用，到蒸汽机、内燃机的出现，再到现代轮机技术的智能化与自动化。轮机技术一步步走向成熟，成为现代社会的技术支柱。通过深入了解轮机工程的历史变迁，可以更好地理解其在当今工业与交通领域的重要作用及未来可能的发展趋势。

一、轮机工程概述

（一）轮机工程的定义

轮机工程，顾名思义，即研究与轮机相关的技术和工程问题的专业领域，背后蕴含着深厚的技术积累和广阔的工程应用前景，轮机工程作为一个综合性强、应用广泛的学科领域，其研究内容和发展趋势不仅关乎工业生产和交通运输的效率和成本问题，更对全球能源利用和环境保护具有深远影响。

1. 轮机涵盖的范围

在轮机工程中，"轮机"这一概念并非局限于某一特定类型的动力机械，而是一个广泛的概念，它包括了所有能够提供动力或完成特定工作任务的机械设备。这些设备多种多样，既有传统的蒸汽轮机、内燃机、水轮机，也有新兴的风力发电机、燃气轮机等。这些轮机设备在各自的适用场合中发挥着不可替代的作用，共同支撑着现代工业和交通领域的发展。

2. 轮机工程的核心关注点

轮机工程的核心关注点不仅在于这些动力机械本身的设计、制造和维护，更涉及它们与周围系统的集成和优化。例如，传动系统作为轮机与负载之间的连接桥梁，其设计合理与否直接影响到轮机的输出效率和稳定性；控制系统则负责调控轮机的运行状态，确保其按照预定的参数和要求进行工作；而冷却系统则负责将轮机运行过程中产生的热量及时带走，以保证轮机的正常运行和延长使用寿命。这些周边系统的设计和优化，都是轮机工程中不可或缺的重要环节。轮机工程还关注轮机系统的整体性能和效率。这涉及轮机与周边设备的匹配问题、能源利用的效率问题以及系统运行的稳定性问题等。轮机工程师需要通过不断地研究和实践，找到提高轮机系统整体性能和效率的最佳方案，以满足不断变化的市场需求和环保要求。

3. 轮机工程的研究范畴

轮机工程的研究范畴极为广泛，它涵盖了从基础理论到实际应用的全过程。在基础理论方面，轮机工程涉及热力学、流体力学、机械力学等多个学科领域的知识。这些理论知识为轮机设备的设计和优化提供了坚实的科学基础。在实际应用方面，轮机工程的研究则更加贴近实际需求。例如，在船舶轮机工程中，研究人员需要针对船舶的特定航行环境和任务要求，设计出合适的轮机系统；在电力行业中，轮机工程师则需要关注燃气轮机、蒸汽轮机等发电设备的运行效率和稳定性问题；而在汽车行业中，内燃机的性能和排放控制则成为研究的重点。

除了针对特定行业的轮机系统研究外，轮机工程还关注单一设备的性能优化问题。例如，通过改进轮机的结构设计、提高材料的耐高温性能等方式，可以提升轮机的热效率和输出功率；通过优化控制系统的算法和参数设置，可以实现轮机运行的智能化和自动化等。随着环保意识的日益增强，轮机工程也越来越注重能源的高效利用和环境污染的减少。这包括研究新型的清洁能源轮机技术（如太阳能热发电、海洋能发电等）、开发高效的能源回收和利用系统以及探索低排放或零排放的轮机技术等。这些研究方向不仅有助于缓解全球能源紧张和环境恶化的问题，也为轮机工程的发展注入了新的活力和动力。

4. 轮机工程的技术创新

随着科技的飞速进步和全球环保意识的增强，轮机工程正面临着前所未有的发展机遇和挑战。新材料、新工艺和新技术的不断涌现为轮机设备的性能提升和节能减排提供了有力支持；日益严格的环保法规和市场竞争也要求轮机工程必须不断创新和突破以适应新的发展需求。轮机工程将更加注重多学科交叉融合和创新发展。通过与计算机科学、电子工程、材料科学等领域的深度合作与交流，共同推动轮机技术的革命性进步和产业升级。同时，轮机工程还将积极拓展其在新能源、智能制造等新兴产业领域的应用空间，为全球经济的可持续发展和绿色转型贡献更多力量。

（二）轮机工程的重要性

1. 轮机工程对工业生产的影响

在工业领域，轮机设备是许多生产线和工艺流程中的核心组成部分。从原材料的加工到成品的生产，轮机在各个环节中都发挥着至关重要的作用。以炼油、化工、电力等重工业为例，这些行业中的大型设备如压缩机、泵、发电机等，都离不开轮机工程的支持。轮机性能的稳定性和效率的高低，直接影响到整个生产线的运行效率和产品质量。首先，轮机设备的稳定运行是工业生产连续性的重要保障。一旦轮机出现故障或性能下降，整个生产线可能面临停工的风险，这不仅会造成巨大的经济损失，还可能影响到企业的声誉和客户满意度。因此，轮机工程的维护和优化对于保障工业生产的连续性至关重要。其次，轮机设备的效率直接影响到工业生产的成本。高效的轮机设备能够降低能源消耗，减少原材料和能源的浪费，从而降低生产成本。相反，低效的轮机设备则会增加能源消耗和生产成本，降低企业的竞争力。因此，轮机工程的进步对于提高工业生产的效率和降低生产成本具有重要意义。

2. 轮机工程对交通运输的推动

在交通领域，轮机作为动力来源，其重要性更是无可替代。船舶、火车、汽车等交通工具都需要轮机来提供前进的动力。轮机工程的发展不仅关乎交通工具的性能和安全性，也直接影响到人们的出行体验和物流成本。对于船舶而言，轮机是其航行的关键。一艘船舶的航行速度、载重能力和燃油消耗等都与轮机的性能密切相关。优质的轮机设备能够提高船舶的航行效率和安全性，降低燃油消耗和维修成本，从而提升航运业的整体竞争力。在铁路运输方面，机车轮机的性能直接影响到列车的运行速度和牵引力。随着高速铁路和重载铁路的快速发展，对机车轮机的要求也越来越高。轮机工程的进步为铁路运输提供了更强大、更稳定的动力支持，推动了铁路运输业的快速发展。对于汽车产业来说，内燃机是汽车的心脏。轮机工程的不断创新和优化，使得汽车发动机在动力性、经济性和环保性方面取得了显著的进步。这不仅提升了人们的驾驶体验，还降低了汽车的燃油消耗和尾气排放，为环保事业作出了积极贡献。

3. 轮机工程对经济和社会的推动作用

轮机工程作为工业和交通领域的技术支柱，其发展和创新对经济和社会的发展具有巨大的推动作用。首先，轮机工程的进步提高了工业生产和交通运输的效率，降低了成本，从而增强了企业和行业的竞争力。这有助于推动经济的快速增长和创造更多的就业机会。轮机工程的发展还带动了相关产业链的完善和发展。从轮机设备的研发、制造到维修和服务，形成了一个庞大的产业体系。这不仅为社会提供了更多的就业岗位，还促进了相关技术和产业的创新与发展。轮机工程的进步还有助于提升国家在国际市场上的地位和影响力。一个国家在轮机工程领域的实力和水平，往往能够反映出其工业基础和科技创新能力。因此，加强轮机工程的研究和创新，对于提升国家的综合国力和国际竞争力具有重要意义。

4. 轮机工程的战略意义

在全球化和信息化的大背景下，轮机工程的战略意义更加凸显。随着国际贸易和交流的日益频繁，快速、高效、安全的交通方式对于促进地区间经济文化交流具有重要意义。轮机工程作为交通运输的动力保障，其发展和创新对于提升交通运输的效率和安全性至关重要。在全球能源紧张和环境污染日益严重的背景下，轮机工程的环保和节能技术也成了研究的热点。通过研发和推广清洁能源轮机技术、提高轮机设备的能源利用效率等措施，有助于降低能源消耗和减少环境污染，实现经济和环境的可持续发展。

二、早期轮机技术的起源与发展

（一）历史起源

轮机技术的历史起源可以追溯到远古时期人类对自然力量的初步探索。随着时间的推移和科技的进步，人类逐渐发展出了更为复杂的技术来利用风力和水力等自然力量。从远古时期的简单利用到中世纪的帆船和水车应用，再到工业革命时期的水力发电和工业化生产，轮机技术的发展始终伴随着人类文明的进步。通过融入时间发展线条和主要事件来扩写这一历史起源过程，人们可以更清晰地看到轮机技术是如何在人类社会中逐渐演变并发挥重要作用的。

1. 远古时期初步探索自然力量

早在远古时期，人类就开始了对自然力量的初步探索。那时，人们观察到风可以吹动物体，水可以流动并带动周围的事物。这些自然现象激发了人类对自然力量的好奇心，并开始尝试利用这些力量。然而，由于技术和认知的限制，这一时期的利用方式相对简单和粗糙。

2. 风力与水力的初步应用

在公元前至中世纪期间，人类逐渐发展出了更为复杂的技术来利用自然力量。风力驱动和水力应用开始崭露头角。在风力驱动方面，帆船的雏形开始出现并逐渐完善。古埃及人、腓尼基人以及后来的希腊人和罗马人，都曾在航海中使用过帆船。这些帆船利用风帆来捕捉风力，推动船只前进。随着航海技术的不断发展，帆船成为当时海上贸易和探险的主要交通工具。水力应用也取得了显著的进步。水车作为水力驱动的代表性机械，开始被广泛应用于灌溉、磨坊等领域。例如，古罗马时期的水车就已经相当复杂，能够高效地利用水流的力量来完成各种任务。

3. 风力驱动的帆船时代达到巅峰

15世纪至19世纪中叶，风力驱动的帆船迎来了其巅峰时期。在这一阶段，随着大航海时代的到来，帆船成为欧洲列强扩张势力、进行海外贸易和探险的重要工具。1492年，哥伦布发现新大陆事件标志着帆船时代的重大突破。他的船队利用风力驱动的帆船，成功横跨大西洋，开启了欧洲对美洲的殖民和贸易。这一事件不仅证明了风力驱动帆船的远洋航行能力，也推动了轮机技术的进一步发展。在18世纪和19世纪期间，欧洲各国纷纷建造了大型风力驱动战舰和商船，以加强海上力量和贸易往来。这些帆船在设计、建造和航行技术方面都达到了前所未有的高度。

4. 水力应用的工业化发展

随着工业革命的兴起，在18世纪末至19世纪期间，欧洲各地的河流和溪流旁纷纷建起了水力发电站和工厂，水力应用迎来了新的发展阶段。利用水流的力量来驱动机器和发电，为工业化生产提供了重要的动力支持。英国作为工业革命的发源地，其水力应用走在了世界前列。许多英国工厂都建在河流附近，以便利用水流来驱动纺织机、冶炼炉等设备。这种水力驱动的工业化生产方式，极大地提高了生产效率，推动了社会经济的快速发展。

（二）早期技术原理

1. 风力驱动原理

风力驱动原理主要是通过船帆捕捉风力，进而转化为推动船舶前进的动力。这一原理的应用，在帆船时代达到了巅峰，成为当时海上航行的主要动力来源。船帆的设计在这一过程中起到了关键作用。船帆的形状、材质以及挂载角度，都是经过精心设计的，以确保能够最大限度地捕捉风力。当风吹过船帆时，会在帆面产生一个向后的推力，这个推力通过桅杆和船体传递到水中，从而推动船舶前进。然而，风力驱动并不是没有限制的，受到风向、风速以及船舶航行方向等多重因素的影响。为了充分利用风力，船员们需要不断调整帆的角度和位置，以适应不断变化的风况。这要求船员们具备丰富的航海经验和技能，以确保船舶能够安全、高效地航行。尽管风力驱动存在诸多限制，但它在帆船时代的发展中起到了举足轻重的作用。它不仅推动了航海技术的进步，还促进了世界各地之间的贸易和文化交流。可以说，风力驱动原理的应用，是人类对自然力量认识和利用的一个重要里程碑。

2. 水力驱动原理

水力驱动基本原理是利用水流的冲击力和重力势能来转动机械装置，如水车。当水流冲击水车的叶片时，会产生一个旋转力矩，使水车转动起来。这个旋转力矩可以进一步传递给其他简单机械，以完成灌溉、磨面等特定任务。水力驱动的应用在古代农业和手工业中尤为广泛。它大大提高了生产效率，减轻了人们的劳动强度。水力驱动受到水源位置和流量的严格限制，只有在靠近河流或溪流的地方才能有效应用。水流的稳定性和连续性也对水力驱动的效果产生着重要影响。为了克服这些限制，古代人们进行了大量的尝试和创新。他们通过修建水坝、挖掘水渠等方式来调节水流，以提高水力驱动的效率和稳定性。这些努力不仅推动了水力驱动技术的发展，也为后来的轮机技术进步奠定了基础。

3. 简单原理背后的深远意义

早期轮机技术的这些简单原理展示了人类对自然力量的初步掌握和利用能力，为后来的轮机技术发展提供了重要的灵感和基础。这些原理揭示了自然力量与机械运动之间的内在联系，通过巧妙地利用风力和水力等自然力量，人们能够驱动各种机械设备完成实际工作，体现了人类的智慧和创造力，还揭示了自然界中能量的转换和传递规律，推动了相关产业的发展和进步，在帆船时代，风力驱动的应用促进了航海事业的繁荣；而在农业和手工业领域，水力驱动的应用则大大提高了生产效率和质量。这些产业的发展又推动了轮机技术的进一步创新和完善。这些简单原理为后来的轮机技术革新提供了宝贵的经验和启示，随着科技的不断发展，人们开始探索更加高效、可控的动力来源，如内燃机和蒸汽动力等。而这些新技术的诞生和发展，都离不开早期轮机技术原理的奠基和启发。

三、内燃机与轮机技术的融合

（一）蒸汽机的发明

1. 蒸汽机的起源

蒸汽机的起源可以追溯到古希腊时期。公元 1 世纪，古希腊数学家亚历山大港的希罗就发明了一种叫汽转球的装置。这是人类历史上最早的蒸汽机雏形，它通过加热水产生蒸汽，使球体旋转，展示了蒸汽力量的基本原理。虽然这一发明在当时并未引起足够的重视，但它为后来的蒸汽机发明奠定了理论基础，预示了蒸汽动力的巨大潜力。

2. 蒸汽机的逐步成形与发展

蒸汽机的真正发展始于 17 世纪末到 18 世纪初。这一时期，随着科学技术的不断进步和工业革命的兴起，人们对新型动力源的需求日益迫切。1698 年，英国工程师托马斯·塞维利成功制造了世界上第一台实用的蒸汽提水机，这一创举不仅取得了英国专利，更标志着蒸汽机技术的正式诞生。塞维利的蒸汽提水机最初被应用于矿井排水，它通过燃烧煤炭产生蒸汽，推动活塞运动，从而带动水泵工作。这一技术的应用大大提高了矿井排水的效率，为矿业生产带来了革命性的变化。继塞维利之后，托马斯·纽科门在 1712 年制造了另一台具有里程碑意义的工业蒸汽机。纽科门的蒸汽机在结构上更为合理，效率也更高。它的出现进一步推动了蒸汽机技术的发展，为后来的工业革命奠定了坚实的基础。

3. 蒸汽机对轮机技术的影响

蒸汽机的发明对轮机技术产生了深远的影响。首先，它提供了一种全新的动力源。与传统的风力、水力等自然动力相比，蒸汽机具有更高的稳定性和可控性。它不受天气和地理环境的限制，可以随时随地为机械设备提供动力。这一特点使得蒸汽机在工业生产中得到了广泛应用，大大提高了生产效率。蒸汽机的出现推动了轮机技术的创新与发展。为了满足不同领域的需求，人们不断改进蒸汽机的结构和性能，使其逐渐发展成为一种高效、可靠的动力设备。这种技术创新不仅提高了轮机的运行效率，还拓宽了其应用范围，为工业革命的深入发展提供了有力支持。

4. 蒸汽机的社会与经济意义

蒸汽机的发明不仅推动了轮机技术的进步，还对当时的社会经济发展产生了深远影响。它改变了传统的手工业生产方式，使得大规模、高效率的机械化生产成为可能。这一变革极大地提高了社会生产力，促进了商品经济的发展和资本主义的崛起。蒸汽机的应用还推动了交通运输业的革命性变化。蒸汽机车、蒸汽轮船等新型交通工具的出现，使得人们的出行更加便捷、高效。这些交通工具不仅加快了地区间的经济文化交流，还促进了全球贸易的发展。蒸汽机的发明是人类历史上的重大突破之一，为轮机技术带来新的发展契机，推动了工业革命和全球经济的飞速发展。是深远的蒸汽机作为人类历史上的伟大发明之一，其影响和意义，人们应该铭记这一创举为人类带来的巨大贡献，并继续探索新的能源技术，以推动人类社会的持续发展。在未来的发展中可以借鉴蒸汽机的发明历程和经验教训，不断探索和创造新的轮机技术。随着科技的进步和环保意识的增强，未来的轮机技术将更加高效、环保和智能化。

（二）蒸汽轮机的应用与推广

1. 工业革命中的推动力

蒸汽轮机为工业革命提供了前所未有的强大动力。在纺织、钢铁冶炼、机械制造等多个关键行业中，蒸汽轮机逐渐取代了传统的人力或依赖自然条件的动力源（如风力、水力）。这一转变显著地提高了生产效率，推动了工业化进程的快速发展。由于蒸汽轮机的引入，各行业的生产效率得到了显著提高。例如，在纺织业中，蒸汽轮机驱动的纺织机械能够持续、稳定地高效运转，大大提高了布料的产量和质量。在钢铁冶炼行业，蒸汽轮机为高炉提供了稳定的高温高压蒸汽，使得铁矿石能够更快速地被熔炼成钢铁，从而提高了钢铁的生产效率。

大规模生产的实现：蒸汽轮机的广泛应用，使得大规模、高效率的机械化生产成为可能。这一变革不仅降低了生产成本，还使得商品能够以更低的价格进入市场，满足了更多消费者的需求，进一步刺激了经济的增长。

2. 航运业的变革

蒸汽轮机的引入，彻底改变了传统的航运方式。传统的帆船或人力驱动的船只逐渐被蒸汽轮船所取代，这些蒸汽轮船以其快速、高效的特点，迅速占据了航运市场的主导地位。蒸汽轮船不仅速度更快、载重量更大，而且具有更高的航行可靠性，它们能够逆风逆水而行，不再受自然条件的限制，从而极大地提高了航运的效率和可靠性。这一变革为全球贸易和交通的发展提供了强有力的支持。随着蒸汽轮船的广泛应用，全球贸易得到了空前的发展。商品能够更快速、更安全地被运送到世界各地，促进了各国之间的经济交流和合作。这一变革不仅加强了世界各地的经济联系，还进一步推动了全球经济的整合和发展。

四、现代轮机技术的突破

（一）自动化与智能化技术的应用

1. 自动化技术的深入应用

自动化技术的引入，使得轮机工程的生产线实现了全面的自动化。这一技术的应用，已经从简单的机械化操作，发展到了涵盖零部件生产、装配、测试和调整等全过程的高度自动化。这不仅显著提高了生产效率，降低了生产成本，更重要的是，它极大地降低了人为操作误差，从而增强了产品的一致性和稳定性。以内燃机制造领域为例，自动化技术的应用已经渗透到了每一个生产环节。智能化生产线能够根据不同型号和规格的发动机零部件，进行快速、精准的自动装配。这种精准装配不仅保证了产品质量，还大大提高了生产效率。同时，自动化技术还能够对生产过程中的各种参数进行实时监控和调整，确保每一个生产环节都处于最佳状态。此外，自动化技术还在轮机系统的控制和操作方面发挥了重要作用。通过自动化技术，可以实现对轮机系统的远程控制和自动化管理，大大提高了操作的便捷性和安全性。同时，自动化技术还能对轮机系统的运行状态进行实时监控，及时发现并处理各种异常情况，确保轮机系统的稳定运行。

2. 智能化技术的突破与应用

智能化技术是近年来轮机工程领域的又一重大突破。它通过引入先进的人工智能算法和大数据技术，实现了对轮机系统的智能化管理和优化。智能化技术的应用主要体现在预测性维护和数据驱动的优化两个方面。通过在设备上安装各种传感器，可以实时监测设备的运行状态和性能参数。这些传感器能够收集大量的实时数据，再通过物联网技术将这些数据传输到中央系统进行分析。基于大数据分析和机器学习算法，系统能够自动识别设备运行中的异常信号，预测设备的故障风险。这种预测性维护的方式，使得维修人员能够在设备出现故障之前就进行及时的检修和维护，从而避免设备停机带来的损失。

智能化技术实现数据驱动的优化。通过对大量历史数据的分析和挖掘，系统能够找出轮机系统运行中的瓶颈和问题所在，提出针对性的优化建议。这种数据驱动的优化方式，不仅能够提高轮机系统的运行效率，还能够降低能耗和减少排放，实现轮机系统的绿色、高效运行。智能化技术的应用还体现在智能决策支持系统上。这种系统能够根据实时数据和历史数据，为操作人员提供科学的决策支持。比如，在航行过程中，智能决策支持系统可以根据船舶的航行状态、气象条件等因素，为船长提供最佳的航行路线和航行速度建议，从而确保船舶的安全、经济航行。

3. 自动化与智能化技术的融合发展

自动化与智能化技术在轮机工程中的应用并不是孤立的，而是相互融合、相互促进的。自动化技术为智能化技术的应用提供了坚实的基础，而智能化技术则能够进一步提升自动化技术的水平和效率。这种融合发展的趋势将使得轮机工程更加高效、智能、安全。自动化与智能化技术的应用为轮机工程带来了前所未有的便捷和效率。随着这两项技术的不断发展和完善，我们有理由相信，未来的轮机工程将会更加高效、智能、环保，为人类社会的持续发展作出更大的贡献。

（二）远程监控与绿色环保技术的发展

1. 远程监控技术的革新与应用

随着网络技术的日新月异，远程监控技术已经成为轮机工程中不可或缺的一部分。这一技术的引入，使得船舶的轮机系统能够实现远程的实时监控和操作，极大地提高了管理效率和安全性能。船舶的轮机系统通过先进的传感器和数据采集技术，可以实时将各种运行数据传输到岸端或管理中心。这些数据包括但不限于温度、压力、转速等关键参数，它们都是评估轮机系统运行状态的重要依据。工程师或管理人员只需通过远程监控系统，就能对船舶的轮机系统进行全面的实时监测，及时发现并处理异常情况。这种远程监控技术的优势在于，它打破了时间和空间的限制，让管理人员能够随时随地掌握轮机系统的运行状况。特别是在遇到紧急情况时，远程监控技术能够快速响应，及时采取必要的措施，从而最大程度地减少损失和风险。远程监控技术还提高了轮机系统的可操作性。通过远程控制系统，工程师可以对轮机系统进行远程操作和调整，无须亲自到现场。这不仅节省了人力和时间成本，还降低了操作风险。特别是在恶劣的天气或海况条件下，远程操作能够确保人员的安全，同时保持轮机系统的正常运行。

2. 绿色环保技术的推广与实践

在全球环保意识日益增强的背景下，绿色环保技术已经成为轮机工程发展的必然趋势。为了满足日益严格的环保要求，船舶轮机系统逐渐采用了各种绿色环保技术，以降低能耗、减少排放，提高能效和环保性能。一方面，船舶轮机系统开始使用低排放燃料和清洁能源。例如，液化天然气（LNG）等清洁能源被广泛应用于船舶动力系统中，它们相较于传统的燃油具有更低的碳排放和更少的污染物。这不仅有助于减少温室气体的排放，还提高了船舶运行过程中的环境质量。另一方面，优化控制策略也是绿色环保技术的重要组成部分。通过先进的控制系统和算法，船舶轮机系统能够实现更加精准的能量管理和排放控制。例如，智能能耗管理系统能够根据船舶的实际运行情况和需求，动态调整主机的功率输出和辅机的运行状态，以达到节能减排的目的。废物处理和回收利用也是绿色环保技术关注的重点。船舶在运行过程中会产生各种废弃物和污水，如果不加以处理直接排放，将对海洋环境造成严重污染。因此，现代船舶通常配备有先进的废物处理设备和污水处理系统，确保所有排放物都达到国际环保标准。

3. 远程监控与绿色环保技术的融合发展

远程监控技术和绿色环保技术在轮机工程中的应用并不是孤立的。事实上，它们之间存在着紧密的联系和相互促进的关系。远程监控技术为绿色环保技术的实施提供了有力的支持。通过实时监测轮机系统的运行状态和能耗数据，管理人员可以更加精准地评估船舶的能效和排放情况。这有助于及时发现并解决潜在的问题，确保绿色环保技术的有效实施。绿色环保技术的推广也促进了远程监控技术的进一步发展。为了满足更高的环保要求，船舶需要更加精细化的管理和控制。这推动了远程监控技术在数据采集、传输和处理方面的不断创新和完善。现代轮机技术在自动化、智能化、远程监控和绿色环保等方面都取得了显著的创新和突破。这些技术的融合发展为轮机工程的持续发展注入了新的活力，使得船舶能够更加安全、高效地航行，同时减少对环境的负面影响。展望未来，随着科技的不断进步和创新能力的持续提升，轮机工程将迎来更多的发展机遇和挑战。

五、技术革新对轮机工程的重要性

技术革新对于船舶性能的提升有着显著的影响。以内燃机为例，随着材料科学、燃烧技术和控制理论的不断进步，现代内燃机的热效率得到了大幅提高，同时排放也更为清洁。这不仅使得船舶能够以更高的速度、更大的载重量进行航行，还降低了运行成本，提高了经济效益。自动化控制系统的引入也是技术革新的一个重要方面。通过先进的控制系统，船舶能够更为精准地执行航行指令，实现更高效的航线规划。这不仅提高了船舶的操控性，还进一步增强了船舶在复杂海况下的稳定性和安全性。

自动化与智能化技术的融合应用，为轮机工程带来了前所未有的便捷和安全。在传统的轮机操作中，人为因素往往是导致事故的主要原因之一。随着自动化和智能化技术的引入，这一问题得到了有效解决。智能化系统能够通过传感器实时监测设备的运行状态，自动调整参数以优化性能，甚至在出现故障前进行预警。这不仅大大减少了人为操作误差，还增强了轮机运行的一致性和稳定性。同时，通过预测性维护，系统可以在设备出现故障之前进行及时的检修和更换部件，从而降低了故障率，延长了设备的使用寿命。自动化和智能化技术还使得远程操作成为可能。在恶劣的天气或海况条件下，操作人员无须亲自到现场进行设备检查和调整，而是可以通过远程控制系统进行操作。这不仅保障了人员的安全，还确保了轮机系统的正常运行。

面对全球日益严峻的环保形势，轮机工程必须积极响应并采取措施降低能耗和减少排放。绿色环保技术的引入正是技术革新的一个重要成果。一方面，通过采用新型燃料和清洁能源技术，如液化天然气（LNG）等替代传统燃油作为动力来源，可以显著降低碳排放和污染物排放。这不仅有助于缓解全球气候变化问题，还提高了船舶运行过程中的环境质量。另一方面，节能技术和废物处理技术的不断进步也为轮机工程的绿色环保作出了贡献。例如，通过优化船体设计和推进系统来提高船舶的能效；同时采用先进的废物处理设备和污水处理系统来确保所有排放物都达到国际环保标准。这些绿色环保技术的引入和应用不仅体现了轮机工程对环保责任的担当，也为其可持续发展奠定了坚实基础。

技术革新直接关系到轮机工程行业的竞争力。在全球化的市场竞争中，拥有先进技术的企业往往能够获得更多的市场份额和利润。技术革新可以帮助企业开发出更高效、更可靠、更环保的产品和服务，从而满足客户的需求并赢得客户的信任。同时，通过技术革新降低生产成本和提高生产效率也是提升企业竞争力的重要途径。对于轮机工程企业来说，持续进行技术革新是保持行业领先地位和实现可持续发展的关键所在。技术革新是推动轮机工程行业持续发展和提升竞争力的核心动力，应该高度重视技术革新在轮机工程中的作用，并不断努力推动相关技术的研发和应用。

轮机工程的基础知识与理论

轮机工程是由热力学原理、动力学理论、材料力学以及自动控制技术等多学科交织共同进行的。本节将深入剖析轮机工程的基础知识与理论，通过对热力学原理、轮机工作原理、关键性能指标以及控制与安全理论的全面阐述，从热力学的角度探讨能量的转换与传递，分析轮机工作原理及其循环过程，解读关键的性能指标，如功率、效率、燃油消耗率等，将涉及轮机部件与系统的设计基础，以及轮机控制与自动化技术的最新进展。通过对基础知识和理论的介绍，构建起一个系统、完整的轮机知识体系，激发读者对轮机技术未来发展的无限遐想，共同推动轮机工程向着更高效、更环保、更安全的方向发展。

一、轮机工程的基本理论

轮机工程，作为船舶、电力、航空等工业领域的核心技术，是现代工业技术发展的重要推动力。其涵盖的学科领域广泛，涉及热力学、流体力学、传热学和材料力学等多个学科的基本理论。这些理论为轮机的设计、制造和运行提供了科学指导，确保了轮机的安全、高效和可靠运行。

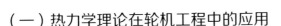

（一）热力学理论在轮机工程中的应用

热力学是物理学的一个重要分支，主要研究热现象中物质系统在平衡时的性质和宏观过程的演变规律。在轮机工程中，热力学为轮机的工作原理及其热效率计算提供了理论基础，为轮机能量转换和传递的计算提供了科学方法。轮机在工作过程中，涉及各种能量的转换，如热能转换为机械能，或机械能转换为电能等。热力学通过第一定律和第二定律，为人们提供了能量转换和传递的计算方法。第一定律，即能量守恒定律，表明在一个孤立系统中，能量不能创生也不能消失，只能从一种形式转换为另一种形式。第二定律则指出，热量不可能自发地从低温物体传导到高温物体，揭示了热现象中的方向性和不可逆性。在轮机工程中，人们利用热力学理论来优化轮机的设计，提高其热效率。例如，在内燃机中，人们通过热力学计算，可以准确地确定燃料的燃烧过程以及热量转换为机械能的过程中的能量损失，进而优化内燃机的设计参数，如燃烧室形状、进气口和排气口的设计等，以提高内燃机的热效率和工作性能。热力学还帮助人们理解轮机系统中热量与机械能之间的相互转换关系。例如，在蒸汽轮机中，水蒸气在锅炉中被加热并产生压力，进而推动汽轮机旋转并形成机械能。热力学可以帮助人们计算这一过程中的能量转换效率，从而指导人们优化锅炉和汽轮机的设计参数，提高整个系统的热效率。

（二）流体力学理论在轮机工程中的应用

流体力学是研究流体（液体和气体）的力学运动规律及其应用的科学。在轮机工程中，流体力学的应用尤为广泛，特别是在液压和空气动力学系统的设计中。轮机工程中的许多部件（如泵、涡轮等）都需要依据流体力学原理进行设计和优化。例如，在设计水泵时，流体力学理论能帮助人们确定最佳的流体通道形状、叶片角度和转速等参数，以确保水泵能够高效、稳定地工作。在设计过程中，人们需要考虑流体的流速、流量、压力等参数，以确保水泵能够满足实际需求。通过精确的计算和模拟，人们可以设计出能够在给定条件下提供所需流量和压力的水泵，同时保证其运行效率和使用寿命。在设计涡轮时，人们也需要根据流体力学的原理来优化涡轮的叶片形状和布局。涡轮是一种将流体动能转换为机械能的装置，其效率直接影响到轮机的整体性能。通过合理的流体力学设计，人们可以提高涡轮的转换效率，降低能耗，并减少运行过程中的振动和噪声。在轮机的冷却系统设计中，流体力学也发挥着重要作用。冷却液在轮机中的流动状态直接影响到冷却效果。通过合理的设计流道，人们可以确保冷却液能够均匀地流过轮机的各个部分，从而有效地降低轮机的温度。这不仅可以提高轮机的工作稳定性，还可以延长其使用寿命。

（三）传热学理论在轮机工程中的应用

传热学是研究热量传递规律的科学，涉及热传导、热对流和热辐射等过程。在轮机工程中，有效的热量管理是确保轮机性能和寿命的关键因素。传热学的应用主要体现在轮机冷却系统和换热设备的设计上。在设计轮机的散热系统时，传热学理论能帮助人们确定散热器的材料、结构以及冷却液的选择等。合理的散热设计能够确保轮机在工作过程中产生的热量及时散发出去，防止机器温度过高，维持轮机的工作效率和寿命。传热学还指导人们优化热对流和热辐射过程，以进一步提高散热效果。例如，在散热器的设计中，人们会考虑增加散热面积、优化冷却液流动路径以及提高散热材料的导热性能等措施，以增强散热效果。

（四）材料力学理论在轮机工程中的应用

材料力学是研究材料在各种外力作用下的变形和强度特性的科学。在轮机工程中，材料力学的应用对于确保轮机构件的安全可靠至关重要。轮机在运行过程中会受到复杂的力和力矩作用，因此人们需要根据材料力学的原理来合理选择和设计材料以及结构形式。这包括考虑材料的强度、韧性、耐磨性等因素，以确保轮机在各种工况下都能安全运行。材料力学还在轮机的疲劳寿命预测中发挥着关键作用。通过合理地应用材料力学的原理和方法，人们可以准确预测和评估轮机的疲劳寿命，为其维护和保养提供科学依据。这有助于及时发现潜在的安全隐患并采取相应的预防措施，确保轮机的长期稳定运行。

（五）其他重要理论的应用与探讨

1. 弹性力学在轮机振动控制中的应用

弹性力学主要研究弹性物体在外力作用下的应力、应变和位移等。在轮机工程中，弹性力学对于理解和控制轮机的振动行为至关重要。轮机在运转过程中，由于各种因素的影响，如不平衡力、齿轮啮合等，会产生振动。长时间的振动不仅会影响轮机的性能，还会缩短其使用寿命。通过利用弹性力学进行分析，可以预测和评估轮机的振动特性，进而采取有效的减振措施，如增加阻尼材料、优化结构设计等，以降低振动水平，提高轮机的运行平稳性。

2. 振动理论在轮机噪声控制中的应用

振动与噪声密切相关，轮机在运行过程中产生的振动往往会引发噪声问题。噪声不仅影响操作人员的身心健康，还可能对周围环境造成干扰。振动理论在轮机噪声控制中发挥着重要作用。通过对轮机振动特性进行分析，可以确定噪声产生的根源，并有针对性地采取降噪措施。例如，在轮机设计中采用低噪声材料、优化齿轮传动系统、增加隔音罩等，都可以有效降低噪声。

3. 多体动力学在轮机复杂系统分析中的应用

轮机工程中的许多系统都是复杂的多体系统，如船舶推进系统、发电机组等。这些系统由多个相互关联的部件组成，其动态行为难以用简单的数学模型描述。多体动力学为研究这类复杂系统的动态特性提供了有力工具。通过多体动力学分析，可以模拟和预测轮机系统的运动学和动力学行为，为系统的优化设计和故障诊断提供重要依据。

二、轮机工程工作原理和循环解析

（一）内燃机工作原理及循环分析

1. 内燃机的工作原理

内燃机，顾名思义，是在机器内部完成燃烧过程的发动机。其核心部件包括气缸、活塞、曲轴、连杆等。当内燃机开始工作时，首先通过吸气阶段将空气与燃油的混合气吸入气缸。随后，在压缩阶段，活塞上升，将混合气压缩，为接下来的燃烧做准备。爆炸阶段，也就是燃烧阶段，是内燃机工作的核心。在这一阶段，压缩的混合气被点燃，产生剧烈的燃烧，释放出大量的热能。这种热能迅速转化为机械能，推动活塞向下运动，从而带动曲轴旋转，产生动力。在排气阶段，燃烧后的废气被排出气缸，为下一个工作循环做好准备。这四个阶段——吸气、压缩、爆炸、排气，周而复始，形成了内燃机连续的动力输出。

2. 内燃机的工作循环

内燃机的工作循环可以分为四冲程循环和两冲程循环两种。其中,四冲程循环因其高效和稳定而被广泛应用。在这一循环中,活塞的每一个上下运动都对应一个特定的工作阶段,分别是吸气冲程、压缩冲程、做功冲程和排气冲程。这种设计充分利用了活塞的上下循环运动,使得每一个运动都有明确的功能和目标。四冲程循环详细描述了从进气到排气的完整过程。在进气行程中,活塞开始从气缸的上端向下移动,也就是人们通常所说的活塞下行,进气门被打开,允许外部的空气与燃油的混合气体流入气缸内。在压缩行程活塞开始向上移动,也就是活塞上升,随着活塞的上升,气缸内的混合气体被逐渐压缩,其温度和压力也随之上升,达到一个高压状态。这种高压状态为混合气体的快速和完全燃烧创造了有利条件。当做功行程开始时,气缸内的混合气体已经达到了一个极高的温度和压力状态,火花塞会发出电火花,点燃混合气体,被点燃的混合气体迅速燃烧,释放出大量的热能,并转化为机械能,产生巨大的推动力使活塞迅速下行。这一过程中,活塞通过连杆和曲轴将机械能输出,从而驱动外部设备工作。最后的排气行程中,活塞再次上升。与此同时,排气门被打开,允许气缸内的废气排出。这些废气是燃烧后的产物,需要及时排出气缸,以便为下一个四冲程循环腾出空间。随着废气的排出,气缸内的压力和温度逐渐降低,回到初始状态,准备开始下一个循环。四冲程循环通过这四个明确的行程,实现了从进气到排气的完整循环过程,从而保证了内燃机的连续和稳定运行。

(二)燃油喷射与燃烧理论

燃油喷射是内燃机工作过程中的重要环节,通过精确控制燃油的喷射量、喷射时机和喷射角度,可以确保燃油与空气的有效混合,从而实现高效的燃烧过程,直接影响着内燃机的动力性、经济性、可靠性以及排放性能。为了实现完全燃烧并产生最大的动力输出,燃油的喷射需要与空气的数量和涡动相匹配,燃油喷射系统需要根据发动机的负荷和转速,精确计算所需的空气量,并确保有足够的空气进入气缸,这有助于燃油与空气充分混合,从而提高燃烧效率。在气缸内产生适当的涡动有助于燃油与空气的更好混合。通过设计合理的进气道和活塞形状,可以在气缸内形成有利于燃烧的涡流,进一步提高燃烧效率。现代内燃机通常采用高压共轨喷射系统,这种系统可以实现更精确的燃油喷射控制,通过调整喷射压力和喷射正时,可以优化燃油与空气的混合比例,从而提高燃烧效率和动力输出。优质的燃油可以提供更好的燃烧性能，减少积碳和污染物的产生，选用高品质的燃油对于保持内燃机的良好性能至关重要。

（三）蒸汽轮机的工作原理详解

蒸汽轮机是一种经典的热能转换为机械能的装置，其工作原理是通过加热产生蒸汽，利用蒸汽推动叶片旋转，进而驱动轴上设备运转，实现热能到机械能的转换。蒸汽轮机的运行起始于水的加热过程，这一步骤在锅炉中完成，水被加热至沸腾，进而转化为蒸汽，水分子因为受热而获得更高的能量，从液态转变为气态，形成蒸汽。高温高压的蒸汽被引入蒸汽轮机的内部，蒸汽轮机内部设计有一系列的叶片，这些叶片被特别设计，能够有效地将蒸汽的动能转换为机械能。当高温高压的蒸汽流经这些叶片区域时，它会对叶片产生力的作用，推动叶片进行旋转。这个旋转动作进而通过轴传递到轮机上，驱动轴上连接的设备进行运转。这样，蒸汽中所蕴含的热能就被有效地转换成了机械能，为外部设备提供动力。蒸汽轮机因其高效、可靠的动力输出而被广泛应用于多个领域。在电力行业中，蒸汽轮机是发电站中的关键设备，它们将化石燃料或核能产生的热能转换为电能。此外，在船舶行业中，蒸汽轮机也发挥着重要的作用，为大型船舶提供推进动力。

（四）朗肯循环及其效率分析

朗肯循环是蒸汽轮机工作中的一个核心理论循环，是水蒸气作为工质的一种理想循环过程，主要包括等熵压缩、等压加热、等熵膨胀和等压冷凝四个主要过程。在此过程中，水在水泵中被压缩升压，这是一个可逆绝热过程，随后水进入锅炉被加热汽化，直至成为过热蒸汽，此阶段为定压吸热过程，过热蒸汽进入汽轮机膨胀作功，这是一个可逆绝热膨胀过程，蒸汽的温度和压力降低，同时释放出能量来驱动汽轮机旋转，作功后的低压蒸汽进入冷凝器被冷却凝结成水，这是一个定压放热过程。

在蒸发温度和冷凝压力一定的情况下，系统效率随着蒸发压力的升高而增大。这是因为提高蒸汽的初压可以使得循环的平均温差增大，从而提高循环的热效率。但需要注意的是，在提高蒸发压力的同时，也要保证乏气的干度满足安全要求，以防止汽轮机内部的工作条件恶化。降低冷凝压力也可以提高循环的热效率。这是因为降低冷凝压力可以降低冷凝温度，从而增大循环的温差，提高热效率。然而，冷凝压力也不能无限制地降低，需要保证冷凝器中的饱和温度高于环境温度，以防止管路产生负压和渗入杂质。提高蒸汽的初温同样可以提高朗肯循环的热效率。初温的提高可以增大循环的温差，从而提高热效率。但这也要求锅炉过热器所用材料具有较好的耐热性。

（五）燃气轮机的工作原理

燃气轮机是一种内燃式动力机械，它利用连续流动的气体作为工质，带动叶轮高速旋转，从而将燃料的能量转变为有用功。燃气轮机的工作流程始于压气机，它从外界大气环境吸入空气，空气经过轴流式压气机逐级压缩，使其增压，同时空气的温度也相应提高。压缩空气随后被压送到燃烧室，在燃烧室中压缩空气与喷入的燃料混合并燃烧，生成高温高压的气体，高温高压的气体进入涡轮中膨胀做功，推动涡轮旋转。涡轮带动压气机和外负荷转子一起高速旋转，实现了气体或液体燃料的化学能部分转化为机械功，在这个过程中，也输出电功。

燃气轮机结构简单、重量轻、体积小，这使得它适用于各种紧凑或移动式应用。启动快，燃气轮机能在短时间内达到全功率输出，非常适合需要快速响应的场合。高效能，燃气轮机在高温高压条件下工作，能够实现较高的热效率。由于其独特的优点，燃气轮机在航空、电力、工业驱动等多个领域都有广泛的应用。特别是在航空领域，燃气轮机（通常被称为喷气发动机）是飞机推进的核心部件。在电力领域，燃气轮机也常用于联合循环发电系统中，以提高整体发电效率。

（六）布雷顿循环简介

布雷顿循环也称为等压加热循环或开式循环，是燃气轮机工作中的一个关键理论循环。这个循环以四个主要过程为特征：绝热压缩、等压加热、绝热膨胀和等压放热。在此阶段，工质（通常是空气）在压缩机中被压缩。这个过程是绝热的，意味着在压缩过程中没有热量交换，压缩提高了工质的压力和温度，为接下来的等压加热过程做准备。压缩后的工质被送入燃烧室，在这里与燃料混合并燃烧，进行等压加热，工质的温度和能量显著增加，同时保持压力不变，这是布雷顿循环中的一个关键环节，因为它将燃料的化学能转化为工质的热能。加热后的工质随后进入涡轮机进行绝热膨胀，工质推动涡轮叶片旋转，从而将热能转化为机械能，涡轮机的旋转可以驱动发电机或其他设备，产生电力或进行其他形式的工作。在涡轮机中做功后的工质（废气）被排出，并在冷凝器中放热。在这个过程中，工质的温度和压力逐渐降低，最终凝结成液体（在某些应用中可能是液态空气或其他冷凝物），从而完成一个完整的布雷顿循环。布雷顿循环具有高效性和可靠性的优势，能够最大限度地将燃料的能量转换为有用功，同时保持系统的稳定运行，有响应速度快、维护成本低等优点，这使其成为现代能源转换技术中的重要组成部分。

三、轮机工程的关键参数与性能指标

（一）功率与效率的定义及计算方法

在轮机工程中，功率和效率是两个至关重要的参数，它们直接关系到轮机的工作能力和能源利用效率。

功率，是指单位时间内所做的功，它反映了轮机在单位时间内转换或输出的能量大小。在轮机领域，功率通常用千瓦（kW）或马力（hp）来表示。对于船舶轮机，其功率直接影响到船舶的航行速度和运载能力。计算方法上，功率（P）可以通过测量轮机输出的扭矩（T）和转速（n）来计算，公式为：$P = 2\pi Tn/60$，其中 T 为扭矩（N·m），n 为转速（r/min）。在实际应用中，功率的测量还可以通过测功仪等专用设备进行。

效率，则是指轮机输出有用功与输入能量之比，它反映了轮机的能量转换效率。高效率意味着更多的输入能量被有效地转换为有用功，从而减少了能源浪费。效率（η）的计算公式为：η =（输出有用功 / 输入能量）× 100%。在轮机工程中，效率通常分为热效率和机械效率。热效率是指轮机从燃料中获取的热量与燃料完全燃烧所放出的热量之比；而机械效率则是指轮机输出的机械能与输入给轮机的能量之比。

（二）燃油消耗率与热效率的关系

燃油消耗率和热效率是评价轮机经济性能的重要指标。燃油消耗率是指轮机在单位时间内消耗燃油的重量或体积，它直接反映了轮机的耗油情况。而热效率则如上所述，是评价轮机能量转换效率的关键指标。这两者之间存在着密切的关系。一般来说，热效率越高，燃油消耗率就越低。因为高热效率意味着轮机能够更有效地将燃料的化学能转换为有用功，从而减少了燃料的浪费。反之，如果热效率低，那么就会有更多的能量以热能的形式散失，导致燃油消耗率的增加。为了提高轮机的经济性能，通常通过改进燃烧过程、优化轮机结构、采用更高效的热交换器等方式来实现。这些措施不仅有助于降低燃油消耗率，还能减少有害物质排放，实现环保和经济的双重效益。

（三）排放标准及其对轮机设计的影响

随着全球环保意识的日益增强，轮机排放标准也变得越来越严格。这些标准通常规定了轮机排放物中的有害物质（如硫氧化物、氮氧化物、颗粒物等）的最大允许浓度。为了达到这些标准，轮机设计必须进行相应的优化和改进。排放标准对轮机设计的影响主要体现在几个方面。（1）燃烧技术的改进：为了满足排放标准，轮机必须采用更清洁、更高效的燃烧技术，例如，采用低硫燃料、优化燃烧室设计、提高燃烧温度等，以减少有害物质的生成。（2）排放控制技术的应用：为了进一步降低排放，轮机设计中还需要引入排放控制技术，例如，选择性催化还原（SCR）技术可以减少氮氧化物的排放，而颗粒物捕集器（DPF）则可以捕集和去除排气中的颗粒物。（3）能效的提升：提高轮机的能效也是减少排放的重要手段。通过优化轮机的热力学设计、提高机械效率、降低摩擦损失等方式，可以在保证输出功率的同时，降低燃油消耗和有害物质排放。（4）新材料和新技术的应用：随着科技的发展，新型材料和技术不断涌现，为轮机设计提供了更多可能性。例如，采用轻质材料可以降低轮机的重量，从而提高能效；而先进的控制技术则可以更精确地调节轮机的运行状态，以达到最佳的能效和排放性能。

四、轮机部件与系统设计基础

（一）轮机主要部件

发动机是轮机的"心脏"，它将燃料的化学能转化为机械能，驱动船舶前进。根据燃料类型和工作原理的不同，发动机可分为柴油机、汽油机、蒸汽轮机等。在选择发动机时，需考虑其功率、效率、可靠性、维护成本等因素。传动系统负责将发动机的动力传递到螺旋桨，推动船舶前进。它包括离合器、减速器、传动轴等部件，设计时需考虑传动的平稳性、效率和可靠性。燃油系统负责燃料的储存、过滤、输送和喷射，它包括燃油舱、燃油泵、滤清器、喷油嘴等部件。设计时需确保燃油的清洁度、供应的稳定性和喷射的精确性。冷却系统负责冷却发动机和其他高温部件，防止过热损坏，包括散热器、水泵、冷却液管路等。设计时需考虑冷却效率、冷却液的选择和更换周期等因素。

润滑系统负责为发动机和其他摩擦部件提供润滑，减少磨损和摩擦热，包括油箱、油泵、滤清器、油管等。设计时需确保润滑油的清洁度、黏度和更换周期等。

（二）系统设计的原则和考虑因素

安全性。系统设计应确保轮机在各种工况下都能安全运行，避免发生故障或事故，这包括采用可靠的材料和工艺、设置必要的安全保护装置等。系统应具有较高可靠性，能够在恶劣的工作环境下长时间稳定运行，这要求选用高质量的部件和材料，并进行严格的测试和检验。在满足安全和可靠性的前提下，系统设计还应考虑经济性，包括降低制造成本、减少维护费用和提高能源利用效率等。系统应易于维护和检修，以便在发生故障时能够快速恢复运行。这包括采用标准化的部件和接口、设置便捷的检修通道等。

（三）关键系统的设计要点

燃油喷射系统负责将燃油以适当的压力和雾化状态喷入发动机气缸。设计时需考虑喷油嘴的选型、喷油压力和喷油时刻的控制等因素，以确保燃油的充分燃烧和发动机的稳定运行。进排气系统负责为发动机提供新鲜的空气并排出废气。设计时需优化进气道和排气道的形状和尺寸，以减少气流阻力并提高充气效率。还需考虑消音和减排措施，以降低噪声和减少有害物质排放。冷却系统和润滑系统是确保发动机正常运行的关键部件，在设计时，需根据发动机的功率和工况选择合适的冷却液和润滑油，并设置有效的散热和润滑回路，以确保发动机的温度和摩擦状态处于最佳范围。控制系统负责监控和调整轮机的运行状态，确保其按照设定的参数运行。设计时需考虑控制策略的选择、传感器的布置和执行机构的选型等因素，以实现精确的控制和快速的响应。

轮机部件与系统设计是一个复杂而精细的过程，需要综合考虑多个方面的因素。通过科学合理的设计，可以确保轮机的安全、可靠和经济运行，为船舶的航行提供有力的动力保障。

五、轮机控制与自动化技术

（一）轮机控制系统的发展历程

轮机控制系统是船舶工程中的一个重要组成部分，其发展可谓历经沧桑，它见证了科技与工业化的飞速进步。在早期，轮机控制系统主要依赖于人工操作和简单的机械控制。船员需要通过手动操作各种阀门、开关和调节器来维持轮机的正常运行，不仅效率低下而且存在一定的安全隐患。随着电气化技术的发展，轮机控制系统逐渐引入了电气控制技术，通过电气元件和传感器，实现了对轮机运行状态的实时监测和控制，轮机控制系统开始具备一定的自动化功能，但仍然需要人工进行定期的巡检和调整。进入计算机时代后，轮机控制系统迎来了革命性的变革，计算机技术的引入使得轮机控制系统能够实现更加精确和复杂的控制算法，大大提高了轮机的运行效率和安全性，计算机技术还为轮机控制系统的智能化和远程监控提供了可能。

（二）现代轮机自动控制技术

现代轮机自动控制技术的核心是利用先进的控制算法和传感器技术，实现对轮机运行状态的实时监测、自动调节和故障诊断，提高轮机的运行效率，降低船员的工作强度和船舶的运行成本。PID 控制算法是现代轮机自动控制中常用的一种控制策略，通过对比例、积分和微分三个环节的调节，实现对轮机运行状态的精确控制，模糊控制、神经网络控制等先进控制算法也在轮机自动控制中得到了广泛应用。传感器技术是现代轮机自动控制技术的另一大支柱。通过各种传感器（如温度传感器、压力传感器、流量传感器等）可以实时监测轮机的各项运行参数，为控制系统的决策提供准确的数据支持。

（三）智能化与远程监控在轮机中的应用

随着物联网、大数据和人工智能等技术的快速发展，智能化与远程监控在轮机控制中的应用越来越广泛。智能化技术使得轮机控制系统具备了更强的自适应能力和故障诊断能力。通过对大量运行数据的分析和学习，智能化控制系统能够自动调整控制策略，以适应不同海况和负载条件下的轮机运行需求。同时，智能化技术还能实现对轮机故障的早期预警和自动诊断，大大提高了船舶的安全性和可靠性。远程监控技术则是轮机控制与自动化技术发展的另一大趋势。通过卫星通信、移动互联网等技术手段，船员和岸基管理人员可以实时获取轮机的运行状态和数据，实现对轮机的远程监控和管理。这种技术不仅提高了船舶管理的效率，还为船舶的安全运行提供了有力保障。特别是在恶劣海况或紧急情况下，远程监控技术能够及时发现并解决问题，确保船舶和船员的安全。

第 2 章　机电一体化的基本原理

随着科技的飞速发展，工业生产正经历着一场深刻的变革，机电一体化技术正逐渐推动工业进步。机电一体化不仅仅是机械工程、电子工程和自动控制技术的简单融合，更是一种全新的工业生产理念和实践模式的体现。机电一体化技术的出现，打破了传统工业生产方式的束缚，为现代制造业注入了强大的动力。它通过将各种先进技术有机地结合在一起，实现了设备的高度自动化和智能化，从而极大地提高了生产效率和质量。同时，机电一体化技术还能够帮助企业实现资源的优化配置，降低能源消耗和原材料浪费，符合当前绿色环保和可持续发展的时代要求。本章将深入探讨机电一体化的基础知识与理论，帮助读者建立起对机电一体化的全面认识。我们将从机电一体化的基本原理出发，逐步深入到相关技术的基础概念，为读者揭示机电一体化技术的内在逻辑和科学原理。通过对这些核心内容的阐述，希望能够激发读者对机电一体化的兴趣和热情，进一步推动这项技术在工业生产中的广泛应用和发展。

机电一体化概念的诞生

随着科技的不断进步和工业的日益发展，机电一体化技术已成为现代工业领域中一个不可或缺的组成部分，极大地推动了工业生产效率的提升，更对轮机工程等多个关键领域带来了革命性的变革。机电一体化技术的融合与应用，使得机械设备与电子系统能够无缝衔接，共同协作，大幅度提高了工业的智能化水平和生产效能。本节将深入探讨机电一体化的诞生背景、起源与发展、核心技术，以及其在轮机工程中的具体应用。追溯这项技术从初步形成到逐步成熟的历史进程，了解传感器技术和控制技术等核心要素在其中的关键作用。分析机电一体化如何优化轮机控制系统，提高动力系统的运行效率，并展望其未来的发展趋势。通过对本节的学习，将更深入地理解机电一体化在现代工业，尤其是轮机工程中的重要性，推动相关领域的持续创新与发展。

一、机电一体化的起源与发展

机电一体化也被称为机械电子工程，是一个融合了机械工程、电子技术、自动控制和计算机技术等多个学科的现代化工程技术领域。这个术语首次被提及是出现在 1971 年的日本《机械设计》杂志副刊上。机电一体化技术的核心在于将多种技术进行有机结合，包括机械技术、电工电子技术、微电子技术、信息技术、传感器技术、接口技术和信号变换技术等，并将这些技术综合运用到实际中。在机电一体化的框架下，机械设备不再仅仅是简单的物理运动装置，而是变成了能够感知、分析、决策和执行的智能系统。这种智能化的机械设备能够在各种复杂环境中自主工作，不仅提高了生产效率，还大大降低了人为干预的需求，从而减少了生产成本和操作错误。机电一体化技术应用广泛，从汽车制造到家电生产，从航空航天到医疗器械，几乎所有的制造领域都在得益于这一技术。机电一体化极大地提升了设备的自动化和智能化水平，推动了现代工业的快速发展，引领着工业生产向更高效、更智能的未来迈进。

（一）起源阶段

机电一体化的起源要追溯到 20 世纪 60 年代以前，这一时期是一个自发的初级阶段，人们开始初步探索将电子技术融入机械产品之中，以此来提升其性能和使用效率。机电一体化的起源阶段是一个充满挑战与探索的时期，虽然当时的技术条件和社会环境对机电一体化的发展造成了一定的限制，但人们的不懈努力和创新精神为这一领域的发展注入了源源不断的动力，这一阶段的探索，虽然还处于萌芽状态，但已经预示了未来技术与工业结合的巨大潜力。随着科技的进步和工业的发展，机电一体化技术将在未来推动工业生产和社会进步迈向新的高度。

1.　初期的不自觉融合

在机电一体化概念正式形成之前，人们已经开始不自觉地利用电子技术来改善机械产品的性能。起初，这种融合可能是出于解决实际问题的需要，比如提高机械设备的自动化程度，减少人工操作，或者增强设备的稳定性和精确度。这些初步的尝试虽然简单，但这些活动是机电一体化发展的起点，为后来的技术进步奠定了基础。

2.　战争需求的推动

第二次世界大战期间，战争的需求成为推动机械与电子技术结合的强大动力。为了满足战场上复杂多变的环境和高效作战的需要，军事工业开始大力研发和应用各种机电一体化技术。例如，雷达系统、自动控制系统以及精确制导武器等，都是这一时期的典型代表。这些技术在战争中的成功应用，不仅提升了军事装备的性能，也展示了机电一体化技术的巨大潜力和价值。随着战争的结束，这些在战争中形成的机电技术并没有被束之高阁，而是逐渐转为民用，成为战后经济恢复的重要推动力。在这一时期，许多原本用于军事目的的技术被改造和应用于工业生产、交通运输、医疗卫生等领域，极大地提升了社会生产力和人民生活水平。例如，自动控制技术被广泛应用于工业生产线，提高了生产效率和产品质量；雷达技术则演化为民用航空和气象观测的重要工具。

3.　技术发展的探索

尽管机电一体化技术在第二次世界大战后得到了广泛的应用和推广，但由于当时电子技术的发展尚未达到一定水平，机械技术与电子技术的结合还面临着诸多限制和挑战。一方面，电子技术的落后使得机电一体化产品的性能无法充分发挥；另一方面，高昂的成本也限制了这些产品的普及和应用范围。在这一时期，机电一体化技术的发展显然处于初级阶段，有待于进一步的突破和创新。尽管面临诸多挑战，但人们对机电一体化的探索从未停止。随着科技的不断发展，人们开始期待电子技术能够与机械技术更深入地融合，创造出更多具有高性能、高效率和高智能化的机电一体化产品。这种期待推动着科研人员和技术工作者不断努力，为机电一体化的后续发展奠定了坚实的基础。在这个阶段，虽然机电一体化的概念还未正式形成，但人们已经不自觉地开始探索机械与电子的融合之路。从战争需求的推动到战后经济的恢复，再到技术发展的限制与挑战，这一路走来充满了探索与艰辛。然而，正是这些初步的探索和实践，为后来机电一体化的蓬勃发展奠定了坚实的基础。

（二）发展阶段

1. 蓬勃发展阶段（20 世纪 70～80 年代）

这一时期标志着机电一体化的初步成熟和快速发展。随着计算机技术、控制技术和通信技术的日新月异，机电一体化领域获得了前所未有的技术支持。计算机技术的突飞猛进使得数据处理速度大幅提升，控制技术也更加精确和高效，通信技术的进步让设备间的信息传递更加迅速可靠。这些技术的融合为机电一体化提供了强大的后盾。大规模、超大规模集成电路的出现极大地提升了电子设备的性能和可靠性，而微型计算机的问世则使得机电一体化系统更加紧凑、高效。这些物质基础为机电一体化的广泛应用提供了可能。"mechatronics"这一术语首先在日本被广泛接受，并逐渐在全球范围内传播开来。这反映了机电一体化领域的专业性和独特性得到了国际社会的认可。随着机电一体化技术的潜力逐渐显现，各国政府开始意识到其在工业发展和经济增长中的重要性。因此，许多国家纷纷出台政策支持机电一体化技术和产品的发展，为其提供了良好的外部环境。

2. 深入发展阶段（20 世纪 90 年代后期至今）

进入 20 世纪 90 年代后期，机电一体化技术迎来了更加深入的发展阶段。这一时期的特点在于技术的智能化、多元化和集成化。随着人工智能技术的兴起，机电一体化开始向智能化方向转型，智能传感器、智能控制系统等技术的引入使得机电一体化产品能够具备自主学习、决策和执行的能力，大大提高了生产效率和产品质量。光机电一体化和微机电一体化等新分支逐渐崭露头角，光机电一体化的出现使得光学技术与机电一体化技术紧密结合，为高精度测量、定位和加工等领域带来了新的突破。而微机电一体化则推动了微型设备和系统的研发与应用，为生物医学、航空航天等领域提供了强有力的技术支持。在这一阶段，光学、通信技术等被广泛引入机电一体化领域，与机械、电子等技术相互融合，形成了更为复杂且功能强大的系统，这种多学科交叉融合的趋势不仅提升了机电一体化的技术水平，也拓展了其应用范围。随着机电一体化系统的复杂性不断增加，人们对其建模设计、分析和集成方法的研究也变得更加深入，这些研究为优化系统设计、提高系统性能和稳定性提供了重要的理论支持和实践指导。人工智能技术、神经网络技术及光纤技术等领域的巨大进步为机电一体化技术开辟了更广阔的发展空间，先进技术的融入使得机电一体化系统更加智能化、高效化和可靠化，满足了现代工业对高精度、高效率和高可靠性的需求。

二、机电一体化在轮机工程中的应用

（一）轮机控制系统的优化

1. 传感器与执行器的显著改进

传感器和执行器是轮机控制系统的感知和行动部分，其性能直接关系到控制系统的准确性和响应速度。在机电一体化的推动下，这两部分都得到了显著的改进。高精度传感器的引入（如温度传感器、压力传感器和转速传感器）使得轮机各个关键部位的工作状态得到了实时监控。这些传感器以极高的频率和精度捕捉数据，再通过内部处理单元将数据转换成控制系统可以理解的格式，实时反馈给控制系统。这不仅为轮机提供了全面的运行状态图，还为精确控制提供了坚实的数据基础。执行器的性能也得到了显著提升。传统的机械式执行器响应速度慢，精度低，而机电一体化技术推动下的电动或液压执行器则完全不同。它们能够迅速、准确地响应控制系统的指令，无论是调整轮机的转速、方向还是其他参数，都能在短时间内完成，大大提高了轮机的响应速度和操作精度。

2. 控制算法的优化与革新

控制算法是轮机控制系统的核心，它决定了系统如何根据传感器的反馈来调整轮机的运行状态。在机电一体化的推动下，控制算法也进行了优化和革新。PID（比例－积分－微分）控制算法因其简单、稳定的特点而被广泛应用，但在复杂多变的轮机运行环境中，其性能有时可能受到限制。因此，更先进的控制算法如模糊逻辑控制、神经网络控制等逐渐被引入轮机控制系统中。模糊逻辑控制算法能够处理不确定性和模糊性，特别适用于轮机运行中经常遇到的非线性、时变和不确定性问题。而神经网络控制算法则通过学习和训练来不断优化控制策略，使得轮机能够在各种复杂环境下都能保持最优的运行状态。先进算法的应用，在提高轮机的运行效率的同时显著降低了故障率。当轮机出现故障时，这些算法能够迅速诊断出问题的根源，并提供处理建议，从而大大减少停机时间和维修成本。

3. 系统的高度集成与顺畅通信

机电一体化技术推动了轮机控制系统与其他船舶系统的深度集成。在现代船舶中，轮机控制系统不再是孤立的存在，而是与导航系统、安全系统、货物管理系统等紧密相连，共同构成一个高效、协同的运营网络。这种集成得益于统一的通信协议和数据格式。通过采用标准化的通信接口和数据传输协议，轮机控制系统可以与其他系统无缝交换数据，实现信息的实时共享和远程监控。这不仅提高了船舶的整体运营效率，还为船舶的安全航行提供了有力保障。

（二）动力系统的高效运行

1. 智能化的能量管理

随着机电一体化技术的深入应用，轮机动力系统的能量管理变得越来越智能化。这一技术可以实时监测轮机的能耗情况，包括燃油消耗、电力使用情况等各项指标。通过这些数据，控制系统能够精确地了解轮机的能量需求，并根据船舶的实际运行情况进行动态调整。例如，在船舶轻载或空载时，智能化的能量管理系统可以自动降低轮机的功率输出。这样，不仅可以减少不必要的能源消耗，还能降低运行成本，提高经济效益。同时，这种智能化的管理策略也有助于减少环境污染，实现绿色航运。智能化的能量管理系统还可以根据航行路线、天气条件等外部因素，预测轮机的能耗需求，并提前作出相应的调整。这种前瞻性的管理方式，使得轮机动力系统在任何情况下都能保持最优的能量利用效率。

2. 精确的控制策略

机电一体化技术可以实现轮机动力系统的精确控制。通过先进的传感器和执行器，控制系统可以实时监测并调整轮机的各项运行参数，如燃油喷射量、进气量、排气量等，从而实现轮机动力系统的最优化运行。这种精确的控制策略对于优化轮机的燃烧过程至关重要。通过精确控制燃油喷射量和进气量，可以确保轮机在最佳状态下运行，提高热效率，并降低有害物质的排放。这不仅有助于保护环境，还能提升轮机的整体性能。精确的控制策略还可以减少轮机的磨损和故障率。通过实时监测和调整轮机的运行参数，可以避免因过度磨损或操作不当而导致的故障，从而延长轮机的使用寿命。

3. 全面的状态监测与预防性维护

机电一体化技术还为轮机动力系统提供了全面的状态监测与预防性维护功能。通过安装在关键部位的传感器，控制系统可以实时监测轮机的温度、压力、振动等关键参数。这些数据不仅为控制系统的精确调整提供了依据，还能及时发现轮机的异常情况。一旦监测到异常数据，控制系统会立即发出警报，并采取相应的措施以防止故障扩大。这种预防性维护策略不仅可以降低轮机的故障率，提高其可靠性和使用寿命，还能避免因突发故障而导致的航行中断或安全事故。通过定期收集和分析轮机的运行数据，还可以为轮机的优化设计和改造提供有力支持。这些数据可以帮助工程师了解轮机的实际运行情况，发现潜在的问题，并提出针对性的改进方案。

机电一体化相关技术的基础概念介绍

机电一体化技术是机械工程、电子工程和自动控制技术的综合体，机电一体化的发展从最初的简单融合，逐步发展到如今的高度智能化和自动化，其核心技术在不断进步和完善，包括精密机械技术、电子技术以及自动控制技术。机电一体化不是孤立存在的，而是多种先进技术的集合体，是一个复杂而高效的系统。传感器技术作为机电一体化的"感知器官"，能够将各种物理量、化学量转化为可测量的电信号，为系统提供准确的环境信息和运行状态反馈。微电子技术则是实现信号处理和逻辑控制的关键，它的进步直接推动了机电一体化系统的小型化、高性能化。自动控制理论作为整个系统的"大脑"，负责指导系统稳定运行，优化控制策略，确保各项任务能够精准、高效地执行。机电一体化融合科技发展和技术创新及演进，在实际应用中将提供有力的技术支持和创新思路。本节将详细剖析传感器技术、微电子技术、自动控制理论等关键技术的基础知识、工作原理以及在机电一体化中的具体应用，以期为有关研究人员提供相应的理论与技术支撑。

一、机电一体化的工作原理及组成部分

（一）机电一体化的工作原理

机电一体化，即将机械技术、电子技术、信息技术等融合在一起，形成一个高效、智能的工作系统，工作原理是将传统的机械系统与电气控制系统相结合，形成具有机械功能和电气功能的新型系统，这种系统的核心在于各个组成部分的协同工作，从而实现精准、高效的操作和控制。机械部分承载着实现各种物理动作和力学传递的重要任务。电气部分为整个系统提供动力支持并实现精确的控制功能。电子部分是智能化的核心，使得整个机电系统具备了高度的自动化和智能化特性。整体系统功能的实现是一个复杂而精密的过程，需要从数据采集到信号处理，再到电机的能量转换以及反馈机制的优化调整。

1. 信号采集

机电一体化系统中传感器负责实时采集外部环境或设备内部的各种参数，如温度、压力、流量、速度、位置等，以确保设备正常运行、预防故障以及优化性能。传感器的工作原理各不相同，但都能将这些物理参数转化为电信号，电信号不仅易于传输和处理，而且能够准确地反映被测量参数的变化，在机电一体化系统中，传感器将这些电信号传递给电气控制系统和电子部分，为后续的信号处理和控制决策提供关键信息。

2. 信号处理

机电一体化系统中电气控制系统负责接收并处理来自传感器的电信号。这些信号通过各种电路进行加工、解释和转换，从而得到反映设备运行状态和外部环境状况的有用信息。在电气控制系统中，预设的控制策略起着关键作用。这些策略是根据设备的运行需求、安全标准以及性能优化目标等因素制定的。当电气控制系统接收到传感器传来的信号后，它会根据这些控制策略对电机进行相应的控制。例如，当温度传感器检测到设备温度过高时，电气控制系统可能会发出指令使电机降低运行速度或启动冷却系统，以防止设备过热。

3. 电能转换

机电一体化系统中电机将电能转换为机械能。根据电气控制系统传来的控制信号，电机会进行相应的动作，如启动、停止、加速、减速或改变转向等。这些动作都是通过电能与机械能之间的转换实现的。电机的种类和性能直接影响到机电一体化系统的运行效率和稳定性。因此，在选择电机时，需要考虑其功率、转速、扭矩等关键参数，以确保其能够满足系统的实际需求。同时，电机的维护和保养也至关重要，以确保其长期稳定运行并延长使用寿命。

4. 反馈调整

在机电一体化系统中，反馈机制是实现闭环控制。传感器不仅负责采集数据，还承担着反馈系统运行状态的任务。通过将实时采集的数据与预设值进行比较，系统可以及时发现偏差并进行相应的调整。这种反馈及调整机制使得机电一体化系统具有更强的自适应能力和稳定性。当外部环境或设备内部状态发生变化时，系统能够迅速作出反应，以确保设备始终运行在最佳状态。同时，通过不断地反馈和调整，系统还可以逐渐优化其控制策略，以提高运行的效率和性能。机电一体化系统将会变得更加智能、高效和可靠。未来，人们可以期待更多的创新技术被应用到这一领域中，为工业自动化和智能制造带来更大的突破和发展。同时，随着人工智能、物联网等技术的融合应用，机电一体化系统的智能化水平将进一步提升，为工业生产带来前所未有的变革和进步。

（二）机电一体化的机械组成部分

机械结构是机械部分的骨架，它包括连接件、支撑件和传动件等。这些结构件通过精密地设计和制造，确保机械部分具有足够的强度和稳定性。同时，合理的结构设计还能优化力学传递路径，减少能量损失，从而提高整个系统的效率。传动装置是机械部分的核心组件，它负责将电机的动力传递给负载，实现各种运动。常见的传动装置包括齿轮传动、带传动、链传动等。这些传动方式各有优缺点，适用于不同的应用场合。例如，齿轮传动具有传动比准确、效率高等特点，适用于高精度、高负载的场合；而带传动则具有结构简单、维护方便等优点，更适合轻载、低速的传动需求。随着科技的进步和创新能力的提升，机械部分正朝着智能化、高精度和高效能的方向发展。一方面，新材料、新工艺的应用使得机械部分的性能得到了显著提升；另一方面，随着计算机技术和控制理论的不断发展，机械部分的运动控制也变得更加精确和智能。这些进步不仅提高了生产效率，还降低了能耗和成本，为工业生产带来了巨大的经济效益和社会效益。

（三）机电一体化的电气组成部分

在机电一体化系统中，电气部分是系统的"大脑"和"心脏"，电气部分为整个系统提供动力，负责精确的控制与监测任务，通过电机和电气控制系统的紧密配合，为整个系统提供动力支持并实现精确的控制功能。随着技术的不断进步和创新能力的提高，电气部分将会变得更加智能化、高效化和集成化，为机电一体化系统带来更高的性能、更低的能耗以及更广泛的应用场景。

电机担任着将电能转换为机械能的重要角色。在机电一体化系统中，电机为各种机械设备提供动力，驱动它们完成预定的动作，电机的种类繁多，如直流电机、交流电机、步进电机等，每种电机都有其特定的应用场景和优势。电机的选择直接关系到系统的性能和效率，在设计和选型时需充分考虑其功率、转速、扭矩等关键参数。电气控制系统包含开关电源、控制电路、传感器等重要组件。这些组件协同工作，确保机电一体化系统能够稳定、准确地运行。开关电源负责为整个系统提供稳定、可靠的电能。在机电一体化系统中，开关电源需要满足高效率、低噪声、小型化等要求，以确保系统的稳定运行。控制电路是电气控制系统的"大脑"，它负责接收和处理各种信号，并根据预设的程序控制电机的启停、转向、速度、位置等参数。随着微处理器和集成电路技术的飞速发展，控制电路的功能越来越强大，能够实现更为复杂的控制算法和运动轨迹规划。传感器在电气控制系统中扮演着感知和反馈的角色。它们能够实时监测电机的状态、速度、位置等关键信息，并将这些数据反馈给控制电路。基于这些反馈信息，控制电路能够及时调整电机的运行状态，以确保系统的稳定性和精度。传感器的种类多样，包括光电传感器、速度传感器、位置传感器等，每种传感器都有其独特的应用场景和优势。

（四）机电一体化的电子组成部分

在机电一体化系统中，电子部分是智能化的核心，电子部分主要由微处理器、单片机、（可编程逻辑控制器 PLC）等组成，这些组件共同协作，使得整个机电系统具备了高度的自动化和智能化特性。电子部分的应用提高了生产效率、降低了运营成本，提升了产品质量和企业的竞争力。

微处理器是电子部分的"大脑"，它负责处理和分析来自传感器的各种信号。微处理器具有强大的运算能力和数据存储功能，能够快速地响应外部变化，并根据预设程序或实时数据做出相应的决策，在机电一体化系统中，微处理器通常与传感器、执行器等设备相连，形成一个闭环控制系统，以确保系统的稳定运行。单片机是一种集成电路，它将微处理器、存储器、输入接口、输出接口等多个功能部件集成在一块芯片上。单片机具有体积小、功耗低、性能稳定等优点，非常适合用于嵌入式系统和智能控制领域。在机电一体化系统中，单片机常用于实现特定的控制功能，如电机控制、温度监测等。PLC（可编程逻辑控制器）是一种专门为工业控制设计的数字运算操作电子系统，采用可编程的存储器，用于存储程序，执行逻辑运算、顺序控制、定时、计数和算术运算等操作，PLC 以其高可靠性、强大的功能和易用性，在工业自动化领域取得了广泛应用。在机电一体化系统中，PLC 通常用于实现复杂的控制逻辑和顺序控制任务。

　　电子部分的主要功能是通过处理和分析传感器来获取信号，以实现对机电系统的监控和控制。电子部分通过传感器采集各种物理量（如温度、压力、位移等），并将这些模拟信号转换为数字信号进行处理。这一过程中，电子部分需要利用模数转换器（ADC）将模拟信号转换为数字信号，以便进行后续的数据分析和处理。通过对采集到的数据进行分析，电子部分可以实时监测机电系统的运行状态，并在出现故障时及时发出警报。此外，电子部分还可以通过故障诊断算法，对系统故障进行定位和排查，从而提高系统的可靠性和维护效率。电子部分通过编程实现系统的自动化控制和智能化运行。根据预设的控制策略或实时数据，电子部分可以自动调节机电设备的运行参数，以实现最优化的运行效果。同时，电子部分还可以利用机器学习、模糊控制等先进技术，提升系统的智能化水平，使其具备更强的自适应能力和优化决策能力。

二、传感器技术

（一）传感器的定义与选择

1. 传感器的定义

　　传感器是一种能够"感知"并"传递"信息的装置。在机电一体化系统中，传感器的作用类似于人体的神经系统末梢，它能够感受外部环境或系统内部的各种状态变化，如温度、压力、位移、速度等，并将这些信息转换为可测量、可传输的电信号或其他形式的信号，这些信号随后被传输到控制系统中进行处理和分析，以实现系统的智能决策和精准控制。传感器的核心在于其能够将非电量的物理量或化学量转换为电量，这种转换通常基于某种物理效应或化学反应。例如，温度传感器可以利用热电效应将温度变化转换为电信号，而压力传感器则可以利用压阻效应将压力变化转换为电信号。这些电信号随后可以通过电缆或无线网络等方式传输到控制系统中，以便进行进一步处理和分析。

2. 机电一体化系统中的传感器选择

基础性能。在机电一体化系统当中选择出合适的传感器至关重要，实际上关于传感器的选择需要考虑的因素非常多，首先要考虑的便是传感器的基础性能，这是最为基础的一项思考内容。关于传感器基础性能的选择，具体要考虑如下几个方面的问题：

（1）要对机电一体化系统当中所需信号、速度等一系列要素进行研究，根据研究结果来明确到底需要哪一种测量方式，然后再结合测量方式来确定传感器的类型。

（2）对测试环境以及干扰因素进行分析和研究，要明确测试环境的实际情况，是否有诸多因素的影响和干扰，重点关注测试现场是否有出现潮湿的情况。

（3）结合实际测试范围来决定使用哪一种性能的传感器。如果是小位移测量需求，那么便可以选择电容、电感以及霍尔式传感器，但如果是大位移测量，则需要结合需求来选择感应同步器以及光栅传感器等。

（4）要进一步明确实际所需要的测量方式，是否需要进行基础性测量。如果机电一体化系统当中需要对机床主轴的回转误差进行测量，那么就只能选择非接触测量这一种方式。（5）要充分考虑到传感器本身的体积问题，确保应用到的传感器能够有合适的位置，同时也要综合考量传感器的价格、品牌以及生产厂商等因素。

特性考量：

（1）灵敏度。一般来说，灵敏度越高的传感器功能越完善，传感器的灵敏度高就意味着其可以感知到更小的变化量，只要被测量的物理量发生了些许微小的变化，传感器就会做出及时准确的反应。但是灵敏度高的传感器普遍存在着一个问题，那就是在辨别被测量物理量的同时也会更容易被外界一些无关的噪声所影响和干扰，所以噪声会呈现出放大的情况。从这个角度来看，传感器会被提出要具备更大信噪比的要求，在实际选择传感器的过程中，还需要结合实际情况做出正确选择。

（2）响应特征。从理论层面来讲，传感器的响应要求是所测频率范围之内尽可能保持一种不失真的状态。但在现实中，机电一体化系统当中所应用到的各种类型的传感器都会出现不同程度的延迟情况，所以，在实际选择传感器的过程中要充分关注到这一点，既然无法避免延迟情况的发生，那么选择延迟时间更短的传感器更为合适。

（3）稳定性。机电一体化系统中应用到的传感器是要被长期使用的，所以其对于传感器的稳定性有非常高的要求。相关主体在选择传感器时要重点关注不同类型传感器的稳定性能到底如何，是否具备其测量和输出特征长期不发生变化的性能。关于传感器稳定性的衡量标准是比较明确的，也有着定量指标，相关主体一定要结合具体标准来对传感器的稳定性进行衡量。此外，要时刻关注传感器的使用寿命，一旦传感器接近或者达到使用期限，就要及时进行标定处理。

（二）传感器在机电一体化中的应用

1. 位置监测与控制

在机电一体化系统中，位置监测与控制是至关重要的环节。传感器能够实时监测机械部件的准确位置，为系统的精准控制提供数据支持。例如，在数控机床中，通过安装位置传感器，可以实时监测刀具的位置和移动轨迹，以确保加工的精度和效率。此外，在自动化生产线中，传感器也能实时监测物料的位置和状态，确保生产流程的顺畅进行。除了简单的位置监测，传感器还能实现更复杂的位置控制。例如，在机械臂控制系统中，通过安装多个传感器，可以实时监测机械臂的各个关节位置和姿态，从而实现精确地抓取和放置操作。这种精准的位置控制不仅提高了生产效率，还大幅提升了操作的安全性和可靠性。

2. 温度、压力监测与保护

传感器在温度、压力监测方面也发挥着重要作用。在机电一体化系统中，许多设备需要在特定的温度和压力下运行，一旦超出安全范围，就可能导致设备损坏或安全事故。因此，通过安装温度传感器和压力传感器，可以实时监测环境中的温度和压力变化，及时发现异常情况并采取相应的保护措施。例如，在发动机控制系统中，温度传感器可以实时监测发动机的工作温度，以确保发动机在安全的温度范围内运行。当温度过高时，控制系统会自动降低发动机的功率或采取其他降温措施，以防止发动机过热损坏。同样，在液压系统中，压力传感器可以实时监测系统的压力变化，以确保系统在安全的压力下运行。当压力过高或过低时，控制系统会自动调整液压泵的输出或采取其他措施，以保护液压系统的安全。

3. 速度与加速度测量

在机电一体化系统中，速度与加速度的测量也是至关重要的。传感器能够实时监测机械部件的运动速度和加速度，为系统的动态控制提供数据支持。例如，在电动车的控制系统中，通过安装速度传感器和加速度传感器，可以实时监测车辆的速度和加速度的变化，从而实现精确的驾驶控制和安全防护。在振动监测与控制方面，传感器也发挥着重要作用。通过安装振动传感器，可以实时监测机械部件的振动情况，及时发现异常情况并采取相应的措施。这种振动监测与控制不仅有助于延长设备的使用寿命，还能提高设备的运行效率和安全性。

4. 力度反馈与控制

力度反馈与控制是传感器在机电一体化中的另一个重要应用方面。通过安装力传感器或力矩传感器，可以实时监测机械部件与外界环境的接触力或力矩变化，从而实现力度的精准控制。这种力度反馈与控制不仅提高了机械设备的操作精度和稳定性，还有助于保护设备免受过载和冲击的损坏。例如，在机器人操作系统中，通过安装力传感器和触觉传感器，可以实时监测机器人末端执行器与外界环境的接触情况和力度变化。控制系统可以根据这些反馈信息实时调整机器人的操作力度和姿态，以实现更精准的操作和更高的安全性。同时，这种力度反馈与控制也有助于提高机器人的自适应能力和智能化水平。

三、微电子技术

（一）微电子技术的概念

1. 微电子技术的定义

微电子技术是与微小电子元件及电路相关的技术，是一项专门研究并应用于半导体材料上的微小型集成电路系统的技术，"微小"并非字面意义上的小,而是在纳米级别上的精细与复杂。我们已深入探索了集成电路的内在工作方式,以及如何将这些理论知识实际应用于制造过程中。微电子技术被视为现代电子技术的核心分支,它像是一棵参天大树的根基,稳固而深厚。在微电子技术的世界里,信息是通过固体内的微观电子运动进行传递和处理的,电子运动包括扩散输运、弹道输运和量子跃迁等复杂过程,每一种运动方式都像是微观世界中的精密齿轮,共同协作以确保信息的准确传递与处理,这种微观层面的精准控制,使得微电子技术成为现代信息技术不可或缺的基石。微电子技术是一个时代的标志,是一个将人类带入信息社会的关键力量。

2. 微电子技术的发展历程

微电子技术的发展从晶体管的发明到集成电路的诞生,再到微处理器的广泛应用,每一步都凝聚着无数科学家的智慧和汗水,微电子技术已经渗透到了人们生活的方方面面,无论是手机、电脑还是智能家居设备,都离不开它的支持。

微电子技术的发展历程可以追溯至 20 世纪 50 年代,那时的科学家们开始探索半导体材料的神奇性质,并尝试将其应用于实际电路中。1947 年,一个具有划时代意义的发明——晶体管诞生了,这标志着微电子技术的开端,它使得电路的体积大大缩小,提高了电路的可靠性和性能。晶体管的出现,为人类打开了微观电子世界的大门,让人们得以一窥其中的奥秘。到了 1958 年,第一个集成电路应运而生,这是一个由多个晶体管和其他电子元件集成在一起的微型电路,它的出现彻底改变了电子产品的面貌,集成电路的诞生意味着微电子技术正式进入了集成电路时代,为后来的计算机革命奠定了坚实的基础。1971 年,英特尔公司推出了第一款商用微处理器 4004,集成了数千个晶体管,具备强大的计算能力和处理能力,开启了个人计算机时代,更让微电子技术的应用范围扩展到了前所未有的广度,从此人们可以在家中、办公室甚至随身携带的设备上完成各种复杂的计算和任务。随后的年代里,微电子技术继续蓬勃发展,不断取得新的突破。半导体(CMOS)技术的出现使得集成电路的功耗更低、性能更稳定;嵌入式系统的广泛应用让微电子技术深入了人们生活的方方面面;纳米技术的突破更是将微电子技术的发展推向了一个新的高度。这些技术的进步都为微电子技术的发展注入了新的活力,使其成为推动现代社会进步的重要力量。

（二）微电子技术的作用

1. 信号处理与放大的重要性及应用

在机电一体化系统中，信号处理与放大是至关重要的环节，传感器作为系统的"感知器官"，负责采集各种物理量，如温度、压力、位移等。然而，这些传感器输出的信号往往非常微弱，有时甚至被淹没在噪声中，难以被后续电路直接识别和利用，因此必须对这些微弱信号进行有效的放大和处理，以提高信号的强度和准确性。微电子技术通过集成电路中的放大电路，能够实现对这些微弱信号的精确放大和处理，放大电路是微电子技术中的重要组成部分，它利用晶体管的放大特性，将输入信号的幅度增大，同时保持信号的波形不变，原本微弱的信号得以增强，从而更容易被后续电路所识别和处理。在机电一体化系统中，信号处理与放大的应用非常广泛，例如，在工业自动化领域，传感器采集到的各种物理量需要经过放大和处理后，才能被控制系统所利用，以实现对生产过程的精确控制。在汽车电子领域，各种传感器（如温度传感器、压力传感器等）输出的信号也需要经过放大和处理，以确保车辆的安全和稳定运行。微电子技术的信号处理与放大功能还广泛应用于医疗设备、航空航天等领域，在医疗设备中，各种生理信号的采集和处理对于疾病的诊断和治疗至关重要。而在航空航天领域，对飞行器各种状态参数的精确采集和处理则是确保飞行安全的关键。

2. 逻辑控制与计算的实现及意义

逻辑门电路是微电子技术中的基础元件之一，它能够实现基本的逻辑运算功能。这些逻辑门电路可以组合成更复杂的逻辑电路，实现各种复杂的控制功能，在机电一体化系统中，逻辑门电路被广泛应用于各种控制电路中，以实现对设备的精确控制。微处理器则是一种更为复杂的集成电路，它集成了运算器、控制器和存储器等多个部件，具有强大的数据处理能力和计算能力，在机电一体化系统中，微处理器负责执行各种复杂的控制算法和数据处理任务，通过编程和算法实现，微处理器可以根据系统的实时状态进行决策和调整，从而确保系统的稳定运行和优化性能。

首先，逻辑控制与计算在机电一体化中实现对设备的自动化控制，提高生产效率和产品质量，通过精确的逻辑控制和计算，设备可以自动完成各种复杂的操作任务，从而减少人工干预和失误操作的可能性。其次，逻辑控制与计算能够提高系统的安全性和稳定性，通过实时监测和控制系统的状态参

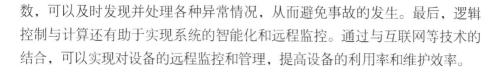

数，可以及时发现并处理各种异常情况，从而避免事故的发生。最后，逻辑控制与计算还有助于实现系统的智能化和远程监控。通过与互联网等技术的结合，可以实现对设备的远程监控和管理，提高设备的利用率和维护效率。

（三）微电子技术的运用

近些年，自动化控制技术在很多行业与领域中都得到了广泛的应用，展现出了极佳的应用态势，而随着微电子技术的应用，自动化控制程度与水平更上一层楼，在各行业与领域的广泛应用显著发挥了两者的技术优势。

1. 开发软件

不断发展的微电子技术显著促进了计算机编程的运用与发展。此外，在自动化控制系统中应用微电子技术，使得更新换代自动化控制设备的速度在不断加快，并且在各行各业中自动化控制技术的应用不断增多，操作人员能够更加简单、便利地完成操作。就应用企业而言，也在慢慢降低企业成本，并且在芯片中就能完成对集成电路的控制，微化了自动化控制装置的规格，使得空间被不断压缩和节省。随着科技的发展，当今社会开发与应用软件的速度在持续加快，并且其功能变得越发多元，这也使得人们的应用需求不断被满足。伴随人们应用需求的提升，通过再次编辑的方式升级与更新自动化控制软件，在有效满足了基本操控需求的前提下，也相应地提升了用户对自动化应用的满意度。

2. 应用自动化功能调节

在自动化控制系统中应用微电子技术，其往往呈现出了多样化的控制对象，控制对象很少只有一个的情况。那么，在不断发展了工业控制系统后，严格地要求了语言信号、图像信号的高速率及大数据量的内容，在实践中也在持续优化相应的控制功能，在自动化控制今后的发展中也会不断增加控制对象的数量，在这种情况下，只需转换代码再完成对应的调节就能够有效控制对象。而通常在芯片中实现对代码的转换，只需将小小的一个芯片插入自动化控制装置中，就能安全、正常地运行自动化控制系统。与此同时，通过微电子技术的应用，在升级改造系统时，通过编程编写有关代码就能达到多项控制的目的，并且在改造升级了自动化控制系统后，可通过对编程设计的测试修补一些问题和漏洞，进而保证安全的运行控制系统，确保各行各业能够安全、稳定地应用自动化控制系统。

3. 高集成度化发展

伴随微电子技术的问世以及不断被运用于自动化控制系统中，电子线路越来越微型化。众所周知，自动化控制需要庞大的电子线路规模给予支撑，并且每个电子线路的功能都不尽相同，若是在自动化控制设备中严重地暴露这些电子线路，不仅其体积会很庞大，还会对自动化控制系统的运行安全产生影响，这样将严重阻碍各个行业对自动化控制系统的应用。通过微电子技术的应用，这一局面将被有效打破，只通过一个芯片就能有效集成功能多样、数量繁多的电子线路。不但降低了系统的体积，也提升了系统反馈信息的效率。而在划分大、小规模集成电路时，能够明显察觉两者间的差异，规模较小的集成电路内一般有少于100个的电子元件存在，然而对于大规模集成电路而言，一般多达100万个，集成电路内运行着大量的电子元件，势必会将很多能量消耗掉。而通过应用微电子技术，能够将自动化功能的消耗有效降低，因此这也是工业自动化控制中广泛应用集成控制系统的主要原因，它不仅能够有效减少工业成本投入，还不会占用过多的空间。

4. 实现了计算机编程控制

在自动化控制中没有渗透和应用微电机技术前，若想要将几个新的功能添加到自动化控制系统中，就不得不增添一些硬件设施，但这样无形中会增加应用成本，还会增添工作复杂性，在正常的运转中快速投入自动化控制系统就变得十分困难。然而在自动化控制中应用了微电子技术后，不论电子元件集成电路的数量多么庞大，都能通过芯片进行控制。而需要将功能控制增添到自动化控制系统中时，只需借助计算机编程就能迅速完成，无须增添任何的硬件设施，在编辑完毕控制功能代码后，按照其个性化特征修改代码，更新之后不但能提升自动化控制系统的运行效率，而且也节约了成本与时间。

5. 通过仿真开发提高效率

在正式运行自动化控制系统前，实施仿真开发也很关键，而在没有应用微电子技术前，仿真开发在自动化控制系统中是无法实现的，这也有效印证了仿真开发实际上就是微电子技术应用的一个基本体现和特征。而仿真开发期间，需要对现场的数据进行实时采集，通过代码的方式体现出这些数据，进而对自动化控制装置在现场的运用情况真正地模拟出来，若是运行中某个控制系统运行不符合标准，则能够快速做出调整，进而使得系统的精准度不断被提升。同时，在运行仿真自动化系统中，对于一些不合适的环节可以快速发现，迅速调整使系统更加顺利、安全地运行。

6. 对工业电气的控制

在不断发展和优化了微电子技术后，它对促进自动化系统的升级有着重要作用。在社会工业发展中自动化控制系统的重要性不言而喻。自动化控制机器在工业生产中随处可见，这不但将人工工作量有效降低，并且通过自动化控制系统能够完成一些精准度要求高以及危险系数高的工作。例如，机器人自动化控制设备在现代化工业生产中随处可见，机器人能够取代人工将对应工作更高效地完成，而所谓的机器人装置就是利用微电子芯片技术的方法实施操作的，在借助机器人审计时，只需升级系统即可，进而为快速地推动工业发展奠定基础。

7. 在计算机开发中的应用

计算机编程技术是微电子自动化技术的应用前提，将自动化控制技术与微电子技术相结合，其应用于不同行业中都是属于开发计算机的一种方式。在微电子自动化控制系统中应用计算机技术属于一种全新的方向，这种应用有效改变了传统的工业手动控制方式，让自动化控制成为主导，这样一来，不仅推动了计算机技术的发展，还有效带动了工业进步。随着微电子自动化控制技术的不断进步，人们在一定程度上增加了工业生产中的各种控制需求，因而也带动了计算机技术向着更加高新的方向发展，从而对生产中的应用需求给予满足。同时，计算机编程技术更好地方便了应用软件的发展，不但能更好地集成各组成模块，达到兼容软件的目的，还能将硬件及研发成本有效降低。

四、自动控制理论

（一）自动控制系统的组成与分类

1. 开环控制系统与闭环控制系统

根据系统是否有利于反馈信息，可将其分为开环控制系统和闭环控制系统。开环控制系统是一种相对简单的控制系统，其特点是控制器的输出不依赖于系统的实际输出或状态。在开环控制系统中，控制器根据预设的程序或指令来控制被控对象，而不考虑被控对象的实际响应。这种控制方式的优势在于其结构简单，易于实现，但由于缺乏反馈信息，开环控制系统对外部干扰和系统参数变化的自适应性较差。在实际应用中，开环控制系统通常用于那些对控制精度要求不高，或者系统参数相对稳定，外部干扰较小的场合。例如，一些简单的家用电器、定时开关等就可能采用开环控制方式。

闭环控制系统也被称为反馈控制系统，是一种利用反馈信息来修正控制输出的系统。在闭环控制系统中，控制器的输出会根据系统的实际输出或状态进行调整，这种控制方式的优势在于它能够更好地适应外部干扰和系统参数的变化，从而提高控制精度。闭环控制系统的核心在于反馈环节，它通过将系统的实际输出与期望输出进行比较，生成一个误差信号。这个误差信号随后被送入控制器，用于调节控制器的输出，从而减小实际输出与期望输出之间的误差。通过这种方式，闭环控制系统能够实现对被控对象的精确控制。在实际应用中，闭环控制系统广泛应用于各种需要高精度控制的场合。例如，工业自动化生产线上的各种机械设备、航空航天领域的飞行器控制、医疗设备的精确控制等。

2. 连续控制系统与离散控制系统

根据信号的特点，可以将系统划分为连续控制系统和离散控制系统。连续控制系统是一种信号变化连续且没有明确分隔的控制系统。在这种系统中，信号的变化是平滑且连续的，没有明确的采样或量化过程。连续控制系统通常用微分方程来描述，这使得人们能够精确地分析系统的动态行为和稳定性。在实际应用中，连续控制系统通常用于那些对信号连续性要求较高的场合。例如，电力系统中的电压和频率控制、化工过程中的温度和压力控制等。这些场合需要系统能够平滑地调节输出，以确保被控对象的稳定运行。

离散控制系统是一种在离散的时间点上对系统状态进行采样和处理的控制系统。在这种系统中，信号的变化是在离散的时间点上被采样和量化的。离散控制系统通常用差分方程来描述，这使得人们能够方便地利用数字计算机进行数值计算和仿真分析。离散控制系统的优势在于其适用于数字控制系统，能够与计算机和其他数字设备无缝对接。此外，离散控制系统还具有抗干扰能力强、易于实现复杂控制算法等优点。在实际应用中，离散控制系统广泛应用于各种数字化设备和自动化系统中，如数控机床、机器人、智能交通系统等。

（二）自动控制系统的性能指标

1. 稳定性指标

稳定性是自动控制系统正常工作的基石，不稳定的系统，无论其响应多么迅速、准确，都是无法在实际应用中发挥作用的，稳定性指标是衡量自动控制系统性能的首要标准。稳定性描述了系统在受到外部扰动或内部参数变化后，能否迅速恢复到原来的平衡状态，或达到一个新的、稳定的平衡状态。对于闭环控制系统，稳定性尤为重要，因为闭环系统中的反馈机制可能会放大扰动，导致系统失稳。为了评估系统的稳定性，通常会采用一些数学工具，如根轨迹法、奈奎斯特图等，来分析系统的传递函数或状态空间模型，帮助确定系统的稳定裕度，即系统在多大程度上能够容忍扰动而保持稳定。在实际应用中，稳定性指标不仅关系到系统的可靠性，还直接影响到生产安全和经济效益，例如，在工业自动化领域，一个不稳定的控制系统可能会导致生产过程中的故障和事故，甚至造成人员伤亡和财产损失，在设计和优化自动控制系统时，必须充分考虑稳定性指标。

2. 快速性指标

快速性指标反映了自动控制系统对输入信号响应的速度。在许多应用场景中，系统的响应速度直接关系到生产效率和用户体验。例如，在机器人控制、自动驾驶等领域，快速响应的系统能够更准确地跟踪目标、避开障碍物，从而提高整体性能。常见的快速性指标包括上升时间、调节时间等。上升时间是指系统输出从初始状态到达指定值所需的时间，它衡量了系统响应的快速性。调节时间则是指系统输出达到并保持在指定误差范围内所需的时间，它反映了系统达到稳态的速度。可以采取多种措施，如优化控制算法、提高系统增益、减小系统惯性等提高系统的快速性，在追求快速性的同时，也不能忽视系统的稳定性和准确性，过快的响应速度可能会导致系统失稳或产生过大的超调量，反而降低系统性能。

3. 准确性指标

准确性指标是衡量自动控制系统稳态误差的重要依据。稳态误差是指系统达到稳态后，输出量与期望值之间的差异。一个准确性高的系统能够更精确地跟踪给定信号，从而满足各种精密控制和测量的需求。在实际应用中，准确性指标对于许多高精度系统至关重要。例如，在精密机械加工、光学仪器等领域，任何微小的误差都可能导致产品质量的显著下降。因此，这些领域对自动控制系统的准确性提出了极高的要求。可以采取多种措施，如采用高精度的传感器和执行器、优化控制策略、引入前馈控制等提高系统的准确性，还需要考虑系统的稳定性和快速性，以确保在追求准确性的过程中不会损害其他性能指标。

（三）自动控制理论的应用实例

1. 速度控制系统

速度控制系统是自动控制理论在机电一体化中的一个重要应用领域。在现代工业中，电机驱动的设备无处不在，从数控机床到工业机器人，从电梯到自动化生产线，都离不开对电机速度的精确控制。而自动控制理论，正是实现这种精确控制的关键。在速度控制系统中，自动控制理论的应用主要体现在对电机转速的闭环控制上。通过安装速度传感器，实时监测电机的转速，并将这个转速信号反馈到控制器中。控制器根据预设的转速值和实际反馈的转速值进行比较，然后调整电机的输入信号，从而实现对电机转速的精确控制。闭环控制方式能够有效地抵抗外部干扰和系统参数变化对电机转速的影响，还能够提高系统的响应速度和控制精度。在数控机床中，精确的速度控制能够保证加工零件的尺寸精度和表面质量；在机器人控制中，速度控制的准确性直接影响到机器人的运动轨迹和定位精度；在电梯控制中，速度控制的稳定性则关系到乘客的舒适度和安全。自动控制理论在速度控制系统的优化设计中，通过建立系统的数学模型，分析系统的稳定性、快速性和准确性等性能指标，可以找出系统设计的不足之处，提出相应的改进措施，提高速度控制系统的性能，降低系统的能耗和维护成本。

2. 位置控制系统

在工业自动化领域，精密的定位系统能提高生产效率和产品质量，位置控制系统的目标是精确控制机械部件的位置，通常涉及对机械部件的位移、角度等参数的实时监测和控制，设计出高效且稳定的位置控制系统，确保机械部件能够准确、迅速地到达预定位置。在位置控制系统中，自动控制理论的应用同样体现在闭环控制上，通过安装位置传感器，实时监测机械部件的位置信息，并将这个位置信号反馈到控制器中，控制器根据预设的位置值和实际反馈的位置值进行比较，然后调整机械部件的驱动信号，从而实现对机械部件位置的精确控制。精确的位置控制广泛应用在制造业、航空航天和医疗设备等领域。在制造业中，精密的定位系统能够提高生产线的自动化程度和生产效率；在航空航天领域，精确的位置控制能够保证飞行器的稳定性和安全性；在医疗设备中，精确的位置控制则能够提高手术的准确性和成功率。

自动控制理论在机电一体化中还有许多其他的应用实例。例如，在温度控制系统中，自动控制理论可以实现对温度的精确调节；在压力控制系统中，自动控制理论可以确保系统的压力稳定在预设范围内；在流量控制系统中，自动控制理论则可以实现对流体流量的精确控制等。自动控制理论在机电一体化中为各种复杂的机械电子系统提供了稳定运行和优化的基础，在实际应用中展现了强大的实用性和灵活性。

五、计算机技术

（一）计算机技术的应用情况

改革开放以来，我国的计算机技术和机电一体化的水平都已经发生了前所未有的变化。在这个过程中，计算机技术和机电一体化产生了一定程度的结合，并在实际生产生活中被广泛使用，整体得到了较大的改进。在机电一体化行业中，计算机技术给相关产业的发展提供了相应的技术平台，推出了一系列新型数控体系，以适应我国社会和科技的发展需求，也取得了卓越的成效。在实际应用中，计算机技术在机电一体化行业中的运用丰富了技术的广泛性，提高了机器和软件的工作效率，减轻了企业的发展负担。然而，即使如此，我国机电一体化的信息化进程仍然存在一些问题，从而导致了相关产业不能更好、更快地发展。

（二）机电一体化中软件新技术的应用

现代科技在人们日常生活中的应用十分广泛，手机和电脑终端给各种信息软件的产生提供了相应的信息传播介质。在这样的信息时代背景下，丰富的计算机软件系统层出不穷，反过来刺激了计算机技术的不断发展和改进完善，也推动了信息时代社会的发展进程。软件技术和机电一体化专业进行有效的结合之后，更加推动了机电一体化的发展进程，使机电一体化更加符合时代的需求。从现如今我国的软件发展情况来看，大多数软件技术是由嵌入式 Java 和高级的 IP 通过组建而产生的，这种软件技术在机电一体化专业中的应用需要面对一定的问题。现代科学技术的不断进步正是在给软件技术的创新研发建立基础，通过计算机技术的创新方式对机电一体化的问题进行解决，促使机电行业在激烈的市场竞争中占据着重要的位置，是目前我国社会发展的必然趋势和选择。

（三）机电一体化中 PLC 技术的应用

PLC 技术是可编程逻辑控制器在机电一体化中的应用。这种控制器集传统控制器的计算能力与现代逻辑程序的管控能力于一体，在对整个机电一体化系统的运行程序和运行流程合理地进行控制的同时，对机电程序运行的安全性负责。20 世纪以来，PLC 技术已经在生活中得到了普遍的使用。通过 PLC 技术，机电一体化系统中的相关数据能够及时地、准确地反映到计算机软件系统中，帮助相关人员对机电一体化的运行和操作程序进行更好的管理，及时发现机电系统运行中的重大问题，提高机电系统的运行效率和安全系数，提升机电系统生产和工作的精准度，让整个机电运行过程更加智能化和现代化。

（四）机电一体化中信息及控制系统的应用

机电一体化专业中的信息和控制系统的应用主要是为了加大对机电系统运行过程中的相关数据的收集、管理和监控，保证运行中各项信息数据的正确性，从而促进机电系统安全稳定地运行。这就需要在设计机电一体化的同时设计出完善的计算机软件系统，保证机电一体化系统中的各项数据信息能够在计算机软件系统中得到很好的反映和展现，通过计算机软件系统对相关信息进行有效的整理和分析，判断出现阶段的机电一体化系统是否存在问题，问题在哪里，具体是什么样的问题，甚至设置相应的解决系统让计算机系统去自行解决这些问题，从而提高机电一体化信息系统的工作效率，保证系统中所出现的问题能够及时高效地得到解决，从而推动我国机电一体化的发展。

六、其他相关技术

（一）嵌入式系统的应用

嵌入式系统是一种专用的计算机系统，它被嵌入到设备中，用于控制、监视或辅助设备的操作，在机电一体化中，嵌入式系统的应用广泛且多样。

在家用电器领域，嵌入式系统为智能家电提供了强大的"大脑"，例如，在智能冰箱中，嵌入式系统可以实时监测冰箱内的温度和湿度，并根据用户的需求自动调整。此外，嵌入式系统还可以控制家电的能耗，实现节能环保。在工业自动化领域，嵌入式系统的应用更为广泛。它可以控制生产线上的各种设备，确保生产过程的顺利进行，嵌入式系统还可以收集生产数据，为企业的生产管理提供有力支持。在智能交通系统中，嵌入式系统可以控制交通信号灯和监控摄像头，确保交通的顺畅和安全。在航空航天领域，嵌入式系统则用于控制飞行器的导航和通信系统。在医疗设备中，嵌入式系统可以控制医疗仪器的运行和数据采集。

嵌入式系统的发展将更加智能化，随着人工智能技术的发展和应用，嵌入式系统将具备更强的自主学习能力和优化能力，能够更准确地预测和响应各种情况，提高设备的性能和效率。嵌入式系统将更加网络化，随着物联网技术的普及和发展，嵌入式系统将能够与其他设备和系统进行更紧密的连接和协作，使得设备的运行更加高效和协同，提高企业的生产效率和竞争力。嵌入式系统将更加安全可靠，随着网络安全问题的日益突出，嵌入式系统的安全性也受到了越来越多的关注。未来，嵌入式系统将采用更加先进的加密技术和安全防护措施，以确保设备的数据安全和稳定运行。

（二）通信技术的应用

通信技术是实现信息传输和交换的技术，它允许不同的设备、系统或网络之间进行数据和信息的传递，从而形成一个庞大且复杂的信息交流网络。这个网络不仅涵盖了有线通信，还包括无线通信，这使得信息的传递不再受地域和空间的限制。机电一体化系统往往由多个设备和组件构成，这些设备和组件之间需要频繁地进行数据交换和信息共享。通信技术就像是这些设备和组件之间的"纽带"，将它们紧密地连接在一起，以确保整个系统的协同工作。通信技术主要涉及信号的编码、传输和解码等过程，编码是将原始信息转换成适合传输的信号形式；传输则是通过某种媒介（如光纤、无线电波等）将信号从发送端传送到接收端；解码则是将接收到的信号还原成原始信息，这一系列过程都需要精确的技术支持和严格的协议规定，以确保信息的准确、高效传输。

在技术层面，通信技术为机电一体化系统提供了高效、稳定的数据传输通道，无论是有线通信还是无线通信，都能实现设备间的快速数据传输和信息共享，使得机电一体化系统能够更加灵活地应对各种复杂的工作环境和任务需求。在应用层面，通信技术使得机电一体化设备具备了远程控制、数据采集、实时监控等强大功能，例如，在工业自动化领域，通过通信技术，工程师可以远程监控和控制生产线上的各种设备，以确保生产过程的顺利进行，通信技术还可以实现设备间的协同工作，提高生产效率和质量。通信技术还在智能家居、智能交通等领域发挥着重要作用，在智能家居中，通过通信技术，各种智能设备可以实现互联互通，为用户提供更加便捷、舒适的生活环境。在智能交通中，通信技术则可以实现车与车、车与基础设施之间的信息交互，提高道路交通的安全性和效率。

（三）电力电子技术

电力电子技术是电力与电子技术的结合，主要研究如何利用电力电子器件和特定功能的电路，对电能进行高效的变换和控制，核心内容涵盖了电力电子器件的设计、制造与选择，电力电子电路的设计与分析，以及电力电子装置和控制系统的研发等多个方面。电力电子器件，如晶闸管、IGBT 等，是实现电能变换的关键元件，能在高电压、大电流的条件下快速、准确地切换电路状态，从而实现对电能的高效控制。电力电子电路的设计，则需要根据实际应用需求，合理选择器件和电路拓扑，以达到最优的电能变换效果。在作用范围上，电力电子技术几乎渗透到了电力系统的各个环节。在发电环节，它可以帮助人们实现风力、太阳能等可再生能源的高效并网；在输电环节，通过柔性交流输电系统（FACTS）技术，可以提高电网的稳定性和输电效率；在配电环节，电力电子技术则有助于实现电能的智能分配和节能降耗。在电机驱动、电源管理、照明控制等领域，电力电子技术也发挥着不可替代的作用。

第3章　轮机工程的挑战与机电一体化的解决方案

　　轮机工程是船舶与海洋工程领域的核心技术之一，它推动了航运和海洋产业发展。在过去的几十年里，轮机系统在动力输出、稳定运行等方面取得了显著的进步，但在追求极致效率和性能的同时也暴露出了一些问题和瓶颈。例如，传统的轮机系统在能源利用效率上往往难以达到最优，这不仅增加了运营成本，也给环境造成了不必要的负担。同时，随着船舶的大型化和功能的复杂化，轮机系统的安全性和可靠性问题也日益凸显。机械故障、人为操作失误以及系统稳定性问题成为制约轮机工程进一步发展的关键因素。空间和重量的限制也对轮机工程设计提出了更高的要求。在有限的船体空间内，如何合理布局各种设备和系统，确保在不影响船舶整体性能和稳定性的前提下，最大化利用轮机系统的效能，是摆在工程师面前的一大难题。机电一体化技术将机械技术与电子技术紧密结合，形成一个高效、智能、可靠的整体系统，通过引入先进的传感技术、控制算法以及信息技术，机电一体化不仅能够显著提高轮机系统的能源利用效率，还能在保障安全的前提下，优化设备的空间布局，降低系统重量，从而提升船舶的整体性能。

　　在本章中，我们将深入探讨传统轮机工程所面临的具体挑战和问题，分析这些问题的根源和影响，详细介绍机电一体化技术是如何针对这些问题提出有效的解决方案的，以及这些方案在实际应用中所取得的效果。

传统轮机工程面临的挑战

传统的轮机技术遭遇着前所未有的挑战。轮机系统在动力输出和稳定运行方面已取得了不小的成就，但在追求更高效能、更稳定性能的过程中，传统技术似乎已触及某种"天花板"。能源利用的不完全、动力响应速度的限制，以及高昂的维护与运行成本，都成为制约轮机工程进一步发展的难题。因此需要重新审视传统轮机工程的每一个环节，探寻新的技术路径和解决方案，满足航运业对高效率、低成本的追求，响应全球可持续发展的呼声，推动轮机工程向着更加绿色、环保的方向发展。本节将详细探讨这些挑战的具体表现，以期为后续的技术创新提供有力的理论支撑和实践指导。

一、效率与性能瓶颈

（一）能源利用效率问题

传统轮机系统在能源利用上面临的效率问题是工程技术和环境保护领域长期关注的焦点。尽管历经多年的研究和改进，但受限于传统技术和材料的固有性能，能源在转换和传递过程中的损失问题依然显著。这种效率上的不足，不仅带来了经济和环境的双重负担，还制约了轮机系统的整体性能提升。以下将从能源转换损失、运营成本增加两个方面，对传统轮机系统的能源利用效率问题进行详细剖析。

1. 能源转换损失

传统轮机系统在将原始能源（如燃油、煤炭等）转换为机械能或电能的过程中，存在能量损失，燃烧过程中的不完全燃烧导致部分能源未能有效转化为动能；热传递和机械摩擦过程中的能量耗散，使得部分能量以热能形式散失到环境中；系统内部的泄漏和阻力，进一步降低了能源的有效利用率。为了提高能源转换效率，工程师们一直在努力优化燃烧室设计、改进热交换器效率，并尝试采用新型材料和润滑剂来减少机械摩擦。但受限于传统技术和材料的性能瓶颈，其效果有限。探索新型能源转换技术和高性能材料，成为提高轮机系统能源利用效率的关键。

2. 运营成本增加

能源利用效率低下直接导致轮机系统的运营成本上升，由于大量的能源在转换和传递过程中被浪费，为了维持系统的正常运行，必须消耗更多的原始能源。这不仅增加了燃料的采购成本，还加大了设备的磨损和维护成本。长期来看，低效的能源利用将对企业的经济效益产生严重影响。为降低运营成本，企业除了关注轮机系统本身的能源效率提升外，还应考虑从能源管理和节能技术方面入手，例如，通过实施能源监控系统，实时掌握设备的能耗情况，及时发现并解决能源浪费问题。同时，积极推广节能技术和设备，如变频器、高效电机等，以进一步提高能源利用效率。

（二）动力输出与响应速度限制

1. 动力输出的稳定性挑战

传统轮机系统在动力输出上受到多种制约，稳定性难以达到现代航运业的高标准。轮机系统的内部构造复杂，多个部件之间的相互作用和依赖关系紧密，任何一个环节的故障或不稳定都可能导致整个系统的动力输出出现波动，例如，燃油系统的供油不稳定、进排气系统的堵塞或泄漏，以及发动机内部的磨损等问题，都可能对动力输出的稳定性造成直接影响。外部环境的变化也会对动力输出的稳定性产生影响，船舶在航行过程中，会遇到各种复杂的海况和气候条件，如大风、巨浪等，对船舶的稳定性造成威胁，通过影响轮机系统的运行环境影响到动力输出的稳定性，例如，在恶劣的海况下，船舶的颠簸和震动可能会加剧轮机系统的磨损和故障，导致动力输出不稳定。为提高稳定性，要不断优化轮机系统的设计，提高各个部件的可靠性和耐久性，加强船舶的整体稳定性设计，减小外部环境对轮机系统的影响。此外，定期的维护和检修也是确保动力输出稳定性的重要措施。

2. 响应速度的迅捷性挑战

快速响应和灵活机动的能力关系船舶的安全和效率，传统轮机系统由于其控制方式和机械结构在响应速度方面存在一定的延迟和滞后，无法满足现代航运业对快速响应的需求。传统轮机系统通常采用机械或液压控制方式，这种方式的响应速度相对较慢，且容易受到外部环境的影响，轮机系统的机械结构也限制了其响应速度的提高，例如，发动机的转速和功率调整需要一定的时间才能达到稳定状态，这就导致了响应速度的滞后。为了提高响应速度的迅捷性，可以考虑采用更先进的控制技术和智能化的管理系统。例如，引入电子控制技术和自动化管理系统，可以实现对轮机系统的精确控制和快速响应，优化机械结构、减轻设备重量、提高能源利用效率等措施也有助于提高响应速度。

（三）设备维护与运行成本高昂

1. 系统复杂性带来的维护挑战

传统轮机系统由于其高度的复杂性，给设备维护工作带来了巨大的挑战。轮机系统由众多相互关联的部件和子系统组成，每个部件都有其独特的功能和运行要求，维护人员需要具备深厚的专业知识和丰富的实践经验，才能准确判断并处理各种故障和问题。随着轮机系统的不断升级和改造，其复杂性也在不断增加。新的技术和设备的引入，虽然提高了系统的性能和效率，但也带来了新的维护难题，维护人员需要不断学习和更新知识，以适应新技术和设备带来的变化。这无疑增加了维护工作的难度和成本。为了降低系统复杂性带来的维护成本，可以从简化系统设计、提高设备标准化程度等方面入手。通过优化系统设计，减少不必要的部件和子系统，可以降低维护的复杂性和工作量。同时，提高设备的标准化程度，使得同类设备具有更好的通用性和互换性，也可以简化维护工作，降低维护成本。

2. 部件繁多导致的维修难题

传统轮机系统中包含大量的部件，如发动机、传动装置、冷却系统、润滑系统等，在长时间运行过程中由于磨损、老化等原因，会出现故障和各种问题。由于部件种类繁多，维修工作需要针对不同部件采取不同的方法和措施，部件之间的相互影响和依赖关系也使得维修工作变得更加复杂，一个部件的故障可能会影响到其他部件的正常运行，甚至导致整个系统的瘫痪。维修人员需要具备全面的知识和技能，才能准确判断并处理各种复杂的故障和问题。要加强设备的预防性维护，定期检查并更换易损件，以减少突发性故障；建立完善的设备维修档案，记录设备的维修历史和状态，为后续的维修工作提供参考和依据；加强维修人员的培训和管理，提高其专业技能和综合素质，以便更好地应对各种复杂的维修任务。

二、安全性与可靠性问题

（一）机械故障与排除措施

轮机系统作为船舶、发电厂等复杂工业设施的核心部分，承载着能量转换和驱动设备的重要任务，在使用过程中，轮机系统可能会遇到多种多样的机械故障，这些故障不仅会对设备的正常运行造成影响，更可能引发严重的事故风险。因此，需制定一些排除措施，定期对轮机系统进行检测与维护。

1. 机械故障

船舶轮机中的机械故障是指与机械部件相关的故障或缺陷，这可能导致轮机无法正常运行或性能下降。其中，轴承故障是船舶轮机中常见的问题之一。轴承作为承受载荷和提供旋转支持的关键组件，其故障可能由多种原因引起。首先，轴承的松动或磨损是常见的故障现象。长时间高负荷运行或不正确地安装都可能导致轴承松动或磨损。在这种情况下，轮机的运行会变得不稳定，甚至出现异常振动和噪声。此外，高频振动也是导致轴承故障的重要因素。如果轴承承受过高的振动，会导致轴承损坏，进而影响轮机的稳定性。其次，齿轮作为传递动力和转速的重要元件，齿轮磨损或脱落是普遍存在的问题。长时间高负荷运行、不恰当的润滑或不合理的齿轮设计都可能导致齿轮表面磨损或脱落，进而影响传动效果和轮机性能。同时，不正确的齿轮啮合也会导致齿轮间的摩擦和冲击，引起噪声和损坏。需要注意的是，齿轮轴承故障也可能由轴承损坏、润滑不足或过热等原因引起。最后，船舶轮机中的引擎缸套和活塞也容易发生故障。一方面，长期运行和冷却系统故障等因素可能导致缸套表面磨损或腐蚀，对密封性和气缸压力造成威胁。另一方面，活塞环会在长期使用后磨损，导致燃气泄漏和油耗增加。除此之外，活塞的松动或卡死也会对发动机性能产生影响。因此，不当的安装、高温和高压等因素可能导致活塞松动或卡死，最终影响活塞的工作状态，进而对轮机运行效率产生负面影响。

2. 排除措施

定期进行预防性维护是排除船舶轮机机械故障的首要步骤。这一步骤涉及对轮机各个关键部件的定期检查和维护，包括轴承、齿轮、缸套和活塞等。首先，轴承是船舶轮机中承受载荷和提供旋转支撑的重要组件。定期检查轴承的状态至关重要，有利于提前发现潜在问题。一旦发现轴承松动或磨损，应立即采取适当的措施进行调整或更换。其次，齿轮在船舶轮机中起着传递动力和转速的关键作用。定期检查齿轮的磨损、脱落和啮合情况，有利于发现齿轮故障迹象。一旦发现齿轮磨损或脱落，需要进行修复或更换。再次，定期进行轮机监测至关重要。安装轮机监测系统，如振动监测、温度监测和润滑油分析等装置，可以实时监测轮机的状态和性能。通过对振动、温度和润滑油数据的分析，可以发现机械故障的迹象。例如，异常振动可能意味着轴承或齿轮故障，高温可能表示润滑不足或冷却系统故障等。监测系统可以提供及时的数据以帮助操作人员及早发现并采取必要的维修措施，从而减少机械故障的发生。

需要注意的是，当发现船舶轮机出现机械故障时，应根据现场情况评估决定是否需要进行停机维修。停机维修是一种将轮机停止运行，以便提供更好的条件和时间来排除故障，并进行必要的修理或更换受损的部件的措施。首先，停机维修之前，必须遵循相关的安全操作规程。这包括确保维修人员具备必要的安全培训和证书，熟练操作流程和安全措施。同时，维修人员能够正确使用个人防护装备，如安全帽、护目镜、耳塞、手套和防护服等。其次，维修团队需要配备适当的工具和设备，以进行拆卸、修理和组装等工作。例如，特定的维修工具、检测仪器、起重设备等，用于提高维修效率。同时，在停机期间，需要将受损的部件拆卸出来，并进行详细的检查和评估。通过仔细地检查和评估，可以确定维修措施和所需材料，从而进一步指导后续的修理或更换工作。再次，在执行修理工作时，必须确保符合相关的规范和质量标准。如果部件无法修复或修复后无法满足要求，则必须更换全新的部件，确保所使用的部件符合规范并经过原始设备制造商认可，以确保质量和性能。最后，在安装修复或更换部件后，需要进行必要的测试和调整，通过测试和调整，可以确保轮机在维修完成后正常工作，并保证其性能和可靠性。

（二）人为操作失误的可能性

1. 人为操作失误的具体表现

疏忽是一种常见的失误类型，操作人员可能因注意力不集中或短暂遗忘而忽略某些重要的操作步骤，例如，在启动轮机前忘记检查润滑油位，或者在停机后忘记关闭某些阀门，这些都可能导致设备损坏或安全隐患。多余操作指的是操作人员进行了不必要的步骤或动作，这可能是由于对操作流程不熟悉或误解导致的，多余操作不仅浪费时间和资源，还可能打乱正常的操作节奏，增加出错的风险。粗糙操作则是指操作人员在执行任务时缺乏精细和准确的控制，例如，在调节轮机参数时，如果操作过于粗暴，可能会导致参数波动过大，影响系统的稳定性。颠倒操作是指操作人员在执行任务时弄错了步骤的顺序。这种失误可能会导致设备无法正常运行，甚至引发故障。例如，在启动轮机前，如果先打开了出口阀门而不是先启动泵，就可能导致系统压力突然下降，影响设备的正常运行。延误或提前操作是指操作人员在执行任务时偏离了预定的时间节点，可能会影响整个操作流程的协调性，导致设备无法按照预期的方式运行。迟钝反应则是指操作人员在面对突发情况时反应不够迅速或准确，可能会导致事态扩大，增加事故处理的难度和成本。

2. 减少人为操作失误的措施

为轮机操作人员提供全面的技术培训是识别和解决轮机常见缺陷的关键。首先，培训内容应注重理论和实践相结合。操作人员可以通过学习轮机设备的工作原理、常见故障模式和排除方法来提升故障诊断能力。其中，理论知识的学习可以帮助操作人员理解轮机系统的运行机制和故障产生的原因。同时，通过实践训练，操作人员还可以学习如何分析故障现象、使用测试工具和仪器，对提高排除措施的有效性有指导性意义。其次，建立经验分享机制可以促进操作人员之间的交流和学习。操作人员可以分享故障排除过程中的经验、教训和最佳实践。通过分享经验，团队成员可以相互借鉴，学习成功的解决方案，用以总结经验，从而提高应对轮机缺陷的能力。同时，经验分享还可以促进团队合作和沟通，提高整个团队的综合素质和能力。最后，持续监督和评估操作人员的表现是确保其素质提升的重要环节。定期的评估和反馈可以帮助我们发现操作人员存在的问题和不足，并及时进行改进和提供培训支持。同时，监督和评估可以推动操作人员不断学习和成长，提高技术水平和工作效率。除此之外，定期的绩效评估还可以识别出表现优秀的操作人员，并为其提供进一步的培训和晋升机会，最大限度保障船舶轮机的安全运行。

（三）系统稳定性与抗干扰能力

1. 抗干扰能力的意义

抗干扰能力是应对轮机系统外部干扰因素的能力。在实际运行中，轮机系统不可避免地会受到各种形式的干扰，如电磁干扰、机械振动、温度变化等，这可能会导致系统性能下降，甚至引发故障，抗干扰能力成为衡量轮机系统性能的重要指标。强抗干扰能力的轮机系统能够在干扰出现时迅速做出反应，通过内部调整来抵消或减小干扰的影响，保障系统的稳定运行，延长设备的使用寿命，降低维护成本。

2. 提升系统稳定性和抗干扰能力的措施

系统设计的合理性是提升稳定性和抗干扰能力的基础，通过引入先进的控制策略、优化算法和冗余设计，可以增强系统的稳定性，使其在面临各种挑战时仍能保持稳定运行，例如，采用智能控制系统可以实时监测并调整轮机系统的关键参数，确保其始终工作在最佳状态。材料和部件的质量直接影响到轮机系统的耐久性和稳定性，选用高强度、高耐磨、耐腐蚀的优质材料，以及经过严格测试和认证的部件，可以显著提升系统的整体性能，定期更换老化和损坏的部件，也是保持系统稳定性的重要措施。定期地维护和保养保持轮机系统的稳定性和抗干扰能力，定期检查、清洗、润滑和紧固等维护措施可以及时发现并处理潜在的问题，防止小问题演变成大故障。对维护人员进行专业培训，确保他们具备必要的技能和知识，也是提升系统稳定性的关键。汽轮机轴系振动监测系统有精度高、稳定性好、抗干扰能力强等特点，借鉴这些先进技术的优点并应用到整个轮机系统中，可以显著提升系统的整体性能，例如，引入高精度的传感器和数据分析技术，可以实时监测轮机系统的运行状态，为及时预警和故障诊断提供有力支持。对于人为干扰，可以通过加强培训和管理来增强操作人员的技能和责任意识，以减少误操作的发生。对于机器干扰，可以采用隔离、滤波等技术手段来减小电磁干扰和机械振动的影响，建立完善的应急预案和故障处理流程，从而在干扰出现时迅速做出反应，最大限度地减小其对轮机系统的影响。

三、空间与重量限制

（一）设备体积与布局难题

1. 空间限制的普遍性

无论是在船舶、工厂还是在其他生产环境中，空间都是宝贵的资源，但由于生产规模的逐步扩大和设备数量的不断增加，所以需要在有限的空间内容纳更多的设备的同时保证设备的正常运行和维护，这种空间的限制要求设备布局要紧凑，设备之间的相对位置要合理，以便于操作和维护。

2. 空间的优化

空间优化要求设备布局紧凑，考虑到设备的功能性、安全性和可维护性，在进行设备布置时，必须综合考虑各种因素，以达到最佳的空间利用效果。在传统的二维布局中，设备通常只能水平放置，限制了空间的利用，通过三维布局设计，我们可以充分利用垂直空间，将设备叠放或悬挂，从而大大节省地面面积。随着科技的发展，越来越多的设备开始走向小型化和集成化，这可以减少设备占用的地面面积，简化设备之间的连接和布线，紧凑型设备通常具有更高的能效比和更低的维护成本，有助于提高整个系统的经济性和可靠性。模块化设计是一种将复杂系统分解为若干个独立且相互关联的模块的设计方法，通过实施模块化设计，人们可以将不同的设备或功能单元划分为独立的模块，然后根据需要进行灵活地配置和调整，从而提高设备的可维护性和可扩展性，简化设备布置的过程。

3. 设备兼容性的考虑

在设备布置过程中要确保不同设备之间的兼容性，确保不同设备间的有效协同工作并避免相互干扰。可以选择通用型设备，通用型设备通常具有标准化的接口和协议，可以与其他设备轻松集成，具有广泛的适用性和可扩展性，可以满足不同生产环境的需求。标准化接口是实现设备兼容性的关键，通过使用标准化接口，我们可以简化设备之间的连接和集成过程，降低系统集成的复杂性和成本，标准化接口可以提高设备的互换性和可维护性，以便于后期的设备更换和升级。

（二）重量对性能的影响

在机械和工程领域，设备的重量直接或间接地影响着设备的性能和使用效果。主要体现在特定行业（如航空领域）各种机械设备的设计、制造和使用过程中。

1. 重量与飞机性能的关系

以飞机为例，飞机的重量包括多个部分，如飞机结构、系统以及必需设备的重量，这些都被纳入制造商给出的飞机空重（MEW）中，而基本空机重（BEW）则进一步包括了 MEW 和标准项目的重量，关于重量的精确计算和控制，能确保飞机的性能、燃油消耗以及安全飞行。飞机的重量直接影响其起飞和降落距离，较重的飞机需要更长的跑道来达到起飞速度，需要更长的距离来减速着陆，增加了对机场设施的要求，限制了飞机在某些较短跑道上的起降能力。重量对飞机的燃油消耗也有影响，更重的飞机需要更多的动力来维持飞行，从而消耗更多的燃油，增加了运营成本，减少飞机的航程和续航时间。从安全角度来看，过重可能导致飞机在紧急情况下的机动性受限，增加了事故风险，飞机设计师和运营商都必须在保证飞机结构和功能完整性的前提下，尽可能地减轻飞机的重量。

2. 重量对其他设备性能的影响

在其他更广泛的设备应用中，重量影响着设备的稳定性、移动性和能耗等多个方面。对于许多需要稳定运行的设备来说，如精密机床、光学仪器等，过重的设备可能导致其自身的不稳定，会影响设备的精度和可靠性，还可能对操作人员的安全构成威胁，在设计这类设备时，必须在保证结构强度和刚性的同时，尽可能地减轻重量。对于需要经常移动或转场的设备来说，如工程机械、军用装备等，过重的设备难以运输和部署，对运输工具和道路基础设施造成过大的负担，这类设备的设计需要在满足功能需求的前提下，尽可能地优化重量分布和减轻整体重量。设备的重量与其能耗相关，更重的设备需要更多的能量来驱动和维持其运行，增加了能源成本，对环境产生更大的影响，特别是在电力供应有限或需要依赖可再生能源的场景中，轻量化的设备设计显得尤为重要。

3. 权衡重量与性能

在设计和选择设备时，需要权衡重量与性能之间的关系，涉及对设备功能需求、使用环境、成本预算等多个方面的综合考虑。例如，在某些高性能应用场景中，为了追求更高的速度和精度，可能需要牺牲一定的重量优化；而在一些对移动性和能耗有严格要求的应用中，轻量化则可能成为首要的设计目标。必须充分考虑重量的影响因素，并根据实际情况做出合理的权衡和取舍。

（三）移动性与便携性的挑战

1. 地形限制带来的挑战

设备在使用过程中可能会遇到各种各样的地形条件，尤其是在户外或野外环境中。大坡度峭壁、超低矮桥梁、泥泞的沼泽地等复杂地形，对设备的移动性构成了严峻的挑战。在这些极端环境下，传统的移动机构往往难以应对，甚至可能导致设备损坏或性能下降。需要设计出具有高适应性的移动机构。例如，可以研发带有强大越野能力的轮胎或履带，适应泥泞、沙地等复杂地形；或者采用可变形的移动机构，以应对坡度较大的地形，考虑使用智能导航系统，通过实时感知地形变化并调整移动策略，确保设备在各种地形条件下都能够顺利移动。

2. 重量与尺寸对便携性的影响

设备的重量和尺寸直接影响便携性，过重的设备不仅难以手动搬运，还可能增加运输成本；而过大的尺寸则可能限制设备在狭窄空间内的使用，甚至在某些场合下无法使用。可以选用轻量化材料来替代传统的重金属材料，如使用碳纤维、铝合金等新型材料来降低设备的整体重量。通过优化设计方案，如采用模块化设计、紧凑布局等方式来缩小设备的尺寸。考虑使用可折叠或可拆卸的设计，以便在需要时快速组装和拆卸设备，提高其便携性。

3. 能源效率的重要性

由于移动设备通常需要依赖电池或其他便携式能源供应，提高能源效率可以延长设备的使用时间。能源效率还与设备的重量、设计和材料选择密切相关。例如，使用更高效的电池技术可以减少电池的体积和重量；优化设备的能耗设计可以降低其整体功耗；选用低能耗的材料和组件可以进一步提高设备的能源效率。

可以研发更高效的电池技术，如锂离子电池、燃料电池等新型电池技术，提高电池的能量密度和使用寿命。通过优化设备的电路设计、降低功耗等方式来减少设备的能耗，采用智能节能技术，如根据设备的使用情况动态调整能耗策略等。

4. 创新解决方案

面对移动性和便携性的挑战，设备制造商需要不断地进行创新和改进。除上述提到的解决方案外，还可以考虑采用其他创新技术来提高设备的移动性和便携性。例如，可以利用无人机技术进行空中运输和投放；使用可穿戴技术与设备进行集成以提高便携性；或者开发智能自主导航系统以实现设备的自主移动等。这些创新解决方案不仅可以提高设备的移动性和便携性，还有助于拓展设备的应用场景和市场竞争力。

机电一体化：问题与瓶颈的突破

机电一体化技术在轮机工程中的应用，为传统轮机系统所面临的问题和瓶颈提供了全新的解决方案。机电一体化技术深度融合了机械技术与电子技术，构建了一个高效、智能、可靠的整体系统。通过引入先进的传感技术，机电一体化能够实时监测设备的运行状态，从而进行智能调度和优化运行，显著提高能源利用效率，降低运营成本，减轻对环境的负担。通过合理的设备布局规划，使得在有限的船体空间内能够最大化利用轮机系统的效能，并借助轻量化材料和先进的设计理念降低系统重量，进而提升了船舶的整体性能。更为关键的是，机电一体化技术利用先进的控制算法和信息技术，大幅减少了机械故障和人为操作失误，确保了轮机系统的安全性和可靠性。这些创新性的整合和应用，不仅使轮机工程领域迎来了革命性的变革，更预示着机电一体化技术在船舶与海洋工程领域的广阔应用前景和巨大发展潜力。

一、提高效率与性能

（一）机电一体化对能源利用的优化

1. 在家电领域的能源优化

机电一体化技术在家电领域的能源优化。以节能空调为例，通过引入机电一体化技术，节能空调实现了能源的高效利用，优化空调的压缩机、冷凝器、蒸发器等关键部件的设计，以及精准控制制冷剂的流量和压力，降低了能耗，提高了制冷效率，智能控制系统的引入，使得空调能够根据室内温度和湿度自动调节运行状态，避免了不必要的能源浪费。节能冰箱也通过机电一体化技术对冷藏和冷冻系统进行了优化，实现了更低的能耗和更高的保鲜效果。

2. 智能化机械制造中的节能技术

智能技术和机电一体化相结合，机械制造业将会持续向节能发展。采用智能技术可以对机械制造和生产进行有效的引导；这样就可以引进节能理念，例如，将环境保护技术引进到机械生产中，可以实现对机器的自动调整，从而达到节约能源的目的。科技的发展速度很快，带来的不仅仅是方便，还有对环境的影响。机电一体化的受惠者是人类，而人类的智力、情绪等人性化的体验也是非常重要的，所以要注重人机之间的关系，在颜色和形状上做一些改善，让人觉得更和谐，这能满足人们各种不同的需要，使之更舒适、更自然。在此过程中，也产生了环境恶化和资源浪费等诸多问题。于是，可持续发展战略就产生了。节能产品的概念要根植于人们的心中，因而在这一思路的作用下，机械制造发展要实现节能发展，也就是技术创新要以节能为前提条件，所以，将智能化和机电一体化技术相结合，实现节能发展是必然的。机械制造的节能发展道路多种多样，因此必须从技术本身、发展理念、生产实践等多个方面着手；在产品加工等多层次思考和探索，使技术开发更具针对性。

3. 在建筑机电照明系统中的节能应用

在建筑机电照明系统中，智能控制可以应用于多个方面，大致可分为自适应照明、能耗优化、智能调度、预测和优化四个方面。（1）自适应照明：智能控制系统可以根据环境光照和用户需求实时调整照明设备的亮度和色温，提供最佳的照明效果。例如，在白天或光照充足时，可以降低照明设备的亮度或关闭；而在室内有人或光照较暗时，增加亮度以确保照明需要。（2）能耗优化：智能控制系统可以通过实时监测和分析建筑照明系统的能耗数据，并采取相应的控制策略来降低能耗。例如，根据不同时间段和使用需求，合理调整照明设备的开启时间和亮度，避免产生过多的能耗。（3）智能调度：智能控制系统可以根据建筑内的人流、时间、房间功能等因素，自动调度和控制照明设备的开关和亮度。例如，在房间没有人时，照明设备会自动关闭或降低亮度，以节省能源；而当有人进入时，会自动开启或调整亮度，提供适当的照明。（4）预测和优化：智能控制系统可以通过分析历史数据和实时数据，预测未来的照明需求，并根据需求优化控制策略。例如，可以根据天气预报和人流预测，提前调整照明设备的工作模式，以适应未来的照明需求。通过应用智能控制技术，建筑机电照明系统可以实现自动化、智能化和高效能源利用，在提升照明质量和舒适性的同时，最大限度地降低能源消耗和运行成本。

在建筑机电照明系统中，定时控制可被用于灯光的开关、亮度调节和色温调节等操作。定时开关：通过设置特定的时间，可以使照明设备在指定的时间点自动开启或关闭。例如，在每天早上7点自动开启灯光，在晚上10点自动关闭灯光。定时调光：通过设置特定的时间和亮度级别，可以使照明设备在不同时间段自动调整亮度。例如，在白天或光照充足时，可以降低照明设备的亮度，在晚上或光照较暗时增加亮度。定时色温调节：通过设置特定的时间和色温模式，可以使照明设备在不同时间段自动调整色温。例如，在白天可以使用较高的色温，提供更加清晰的照明效果；而在晚上可以降低色温，提供更加温暖的照明环境。定时控制可以实现许多功能，例如节能、提高照明质量和舒适性、提升运行效率等。但需要注意的是，定时控制需要根据实际需求和使用场景进行合理设置，并定期进行调整和优化，以适应不同的时间变化和使用需求。

在建筑机电照明系统中，传感器控制可被用于灯光的开关、亮度调节和色温调节等操作。光照传感器控制：通过使用光照传感器，可以感知周围的光照强度，从而实现自动调光。例如，当周围光照较暗时，传感器会自动调高照明设备的亮度；而当周围光照较亮时，传感器会自动调低照明设备的亮度。周边人体传感器控制：通过使用人体传感器，可以感知周围是否有人存在，从而实现自动开关灯。例如，传感器在检测到没有人的情况下会自动关闭灯光，以节省能源；而当传感器检测到有人接近时会自动开启灯光。温度传感器控制：通过使用温度传感器，可以感知周围的温度变化，从而实现自动调节色温。例如，在夏季或温度较高时，传感器检测到以后会自动调低照明设备的色温，以提供较凉爽的照明环境；而在冬季或温度较低时，传感器检测到以后会自动调高照明设备的色温，以提供较温暖的照明环境。传感器控制可以实现智能化的照明系统，具有节能、便捷、自动化等优势。然而，使用传感器控制时需要考虑传感器的选择、布置和精度，并根据实际需求和使用场景进行合理设置和优化。

（二）动力系统与控制系统的协同提升

1. 无缝对接的实现

在传统的机械设备中，动力系统和控制系统往往是相对独立的两个部分，它们之间的配合并不是十分顺畅。机电一体化技术使两个系统能够实现无缝对接，包括物理连接和功能与数据层面上的深度融合。通过先进的传感器、执行器以及数据通信技术，动力系统可以实时地将自身的状态信息传递给控制系统，控制系统则可以根据这些信息对动力系统进行精准的调控。机电一体化技术中的多个关键技术突破实现动力系统和控制系统无缝对接，例如，高性能的传感器技术使得动力系统的状态监测更为精确；高速数据传输技术确保了动力系统与控制系统之间的信息实时共享；而先进的控制算法则使得控制系统能够根据动力系统的实时状态做出快速而准确的反应。动力系统与控制系统的协同工作提高了设备的运行效率，控制系统可以实时地了解动力系统的状态，并根据需要调整其运行参数，因此设备可以始终保持在最佳的工作状态，从而避免了不必要的能耗和性能损失，增强了设备的适应性和灵活性。

2. 精确控制算法的应用

在动力系统与控制系统的协同工作中，精确的控制算法需要根据动力系统的实时状态进行快速调整，考虑到机电一体化技术中控制算法的设计，以及实现设备的整体性能和效率，通过学习和优化，自动调整设备的运行参数，以实现最佳的性能和效率。在机电一体化技术的支持下，动力系统的设计更加注重整体性能和效率的优化，通过采用新型材料、先进的制造工艺以及智能化的控制策略，动力系统可以在保证足够动力输出的同时，降低能耗和噪声，提高使用寿命和可靠性。优化动力系统设计与控制系统的紧密配合，实现更快的响应速度和更高的控制精度。

（三）降低维护成本与提高运行效率

1. 在电力系统中提高运行效率

电力系统是一个复杂、技术性强、涉及面广的工程系统。故障和问题与它的寿命、运行状况有着密切的关系，因此必须加强对电网的运营管理与控制，才能保证电网的运营质量与效益。传统的故障诊断方法耗时较多，效率较差，难以适应现代社会对电能的需要，所以强化技术创新对于电网的管理与控制具有重要意义。整个电网由于采用了自动控制技术，才能正常、平稳地运行。首先，利用自动控制技术实现了对对象行为的有效控制。在电力系统运行的全过程中，通过集成系统的连接，并利用自动化技术，实现对运行目标的全面监督和管理，确保电力设施的正常稳定运行。在确保电网正常工作的前提下，减少了人工费用。其次，在电网高效运转中，采用自动控制技术是一个关键因素。自动化技术具有高效率和实用性的特征，可对电网的结构和功能进行优化，进而降低在电网运营过程中的资源浪费，在提升电网运营效率的同时，增强了电力企业的市场竞争力。利用自动控制技术对电网进行实时检修，极大地便利了电网的运行。采用了自动控制技术，能对电网的运行进行实时和全方位的监控。当发现有故障或潜在危险时，能及时提醒并报警。工作人员能在此基础上对系统进行保养和检修，防止出现故障和问题，进而更好地保障电网的运行质量和安全。

2. 智能化管理降低维护成本

机电一体化设备的智能化管理功能可以降低维护成本，通过实时监测设备的运行状态，系统可以及时发现并处理潜在问题，避免了小问题变成大问题，从而降低了维护的难度和成本，智能化管理还可以根据设备的实际使用情况，制订出更为合理的维护计划，例如，对于经常使用的设备，系统可以自动调整维护周期，确保设备的持续稳定运行；而对于不经常使用的设备，系统则可以延长维护周期，避免浪费。智能化管理提供了远程维护的可能性，通过互联网技术，维护人员可以远程监控设备的运行状态，进行故障诊断和维护操作，这不仅提高了维护的效率，还降低了企业的运营成本。

二、增强安全性与可靠性

（一）减少机械故障与事故风险

机电一体化技术能实时监测与数据采集，通过高精度的传感器网络，持续、准确地捕捉机械设备的各项运行参数，如温度、压力、振动等。这些数据不仅反映了设备的即时状态，还能揭示其长期运行趋势。传感器采集的数据会实时传输到中央控制系统，提供后续的分析与处理。这种实时的数据反馈机制，使得任何异常状态都能在第一时间被发现，从而大幅缩短了故障从发生到被发现的时间差。基于实时采集的数据，控制系统能运用先进的算法进行故障预警与诊断。一旦数据超出预设的安全范围，系统便会自动触发预警机制，通过声光报警或其他方式提醒操作人员注意。控制系统还能根据数据的异常模式，辅助诊断可能的故障原因。这种智能化的故障诊断功能，不仅提高了故障排查的效率，也降低了对操作人员专业技能的依赖。机电一体化技术通过对历史数据的深度挖掘和分析，系统能够预测设备可能出现的故障点，并提前制订维护计划。机电一体化技术还支持对设备的远程监控与操作，对于安装在偏远地区或危险环境中的设备，操作人员也能在安全的位置对其进行实时监控和调整。

（二）智能化操作减少人为失误

在传统机械操作中，由于操作人员的技能水平、经验、注意力集中程度等多种因素的影响，人为失误难以完全避免。人工失误可能导致机械设备的故障，甚至引发严重的事故，操作人员需要时刻关注设备的运行状态，手动进行各种操作和调整。这种工作方式不仅劳动强度大，而且对操作人员的专业素质和技能要求较高。然而，人是有情感、易疲劳的生物，长时间的高强度工作往往会导致注意力分散、判断失误等问题，从而增加事故发生的概率。机电一体化技术中的智能化操作通过集成先进的传感器、控制系统和执行器，机械设备能够实现自主感知、自主决策和自主执行的功能，减少人为失误。智能化操作的优势在于其能够替代人工完成许多复杂、烦琐的操作任务，实时监测设备的各项参数，根据预设的算法进行精确控制，智能化系统能够保持高度的一致性，降低了因人为失误而引发的安全风险，自动完成了许多烦琐的操作任务，减少了人工干预的时间和成本。

（三）机电工程领域提升运用效率与安全性

1. 提高精确度

在机电工程整个领域，位置诱导技术占有非常重要的地位，它不仅能使机器有一个明确的方向，而且能使机器根据特定的路线进行科学、理性地作业。各相关单位在运用该项技术进行建设时，应注意以下问题。首先对工作路径进行科学设计，以便为机器的正常运行提供路径指引。其次，针对这种误差，在试验过程中对导线进行持续修正，使机器的定位更精确。最后，通过位置测感技术对机械设备的参数误差进行自动调整，从而有效提升装备的操作精度。

2. 提高运行效率

在建筑机电领域，确定车身的位置是非常重要的。通常，研究牵涉的单元有内认同和外认同两种。该技术是在自动控制领域中最具代表意义的一种技术方法，在自动控制中起到了很大的作用。在运行中，常需借助装置自身的构造与元件来进行单独辨识。只有通过对辨识技术的运行，才能获得相关的资料。然后，工作人员将这些资料录入计算机，经过一系列的统计和分析，最终找到这个机场。所以，相关行业要以自身企业的具体情况为依据，合理选择鉴定的技术手段。

3. 安全保障技术

安全保障技术也是建筑机电工程里面非常具有代表性的技术手段。众所周知，在建设过程中，施工人员面对的既是一个复杂的工作条件，又是一个很高的技术难题。由于施工期间有很多危险的因素，会出现很多意外情况，因此该技术在工程建设中得到了越来越多的运用。安全保障技术可以有效避免施工中的各类风险和隐患，提高建筑工程建设的安全性和稳定性。在建筑施工行业中，施工安全技术的运用是一种有效的管理手段。在未来的安全保障技术发展方面，相关产业更应着重强化自动化技术的革新，打造全新的建筑环境。

三、突破空间与重量限制

（一）优化设备体积与布局设计

在现代工业生产中，设备的体积和布局设计影响着生产效率和空间利用率。通过机电一体化技术基于各部件功能和运行需求，对设备的各个部分进行高效、合理的空间布局。例如，在机械手臂的设计中，通过精确计算各关节的运动范围和力学性能，可以将电机、减速器、传感器等部件紧凑地布置在有限的空间内，从而减小了机械手臂的整体体积。紧凑化设计节省了生产空间，设计美观、实用。一个体积小巧、布局合理的设备，可以提升生产环境的整洁度，提高操作人员的工作效率和舒适度。模块化布局是机电一体化技术中的创新，设备的各个功能模块可以独立设计和更换，当某个模块出现故障或需要升级时，无须更换整台设备，只需替换相应的模块即可，这方便了设备的维护，提高了维修效率，使得设备布局更加合理。各个功能模块可以根据实际需要进行灵活组合，实现设备体积和功能的最佳平衡，降低了设备的整体成本。在实践中，模块化布局已经得到了广泛应用。例如，在自动化生产线上，各个工位上的设备可以采用模块化设计。当某个工位的设备需要升级或维修时，只需替换相应的模块即可，并不会影响其他工位的正常运行。

智能空间管理技术的引入，使得设备能够在有限的空间内实现高效、安全的运行，为工业生产带来了诸多便利，有利于提高设备的运行效率，降低能耗和成本，有效预防因设备内部空间使用不当而引发的安全事故。智能空间管理技术是通过在设备内部布置各种传感器，从而实时监测设备的运行状态、空间占用情况以及各部件之间的相对位置关系。这些数据将被传输到控制系统中进行分析和处理，从而实现对设备内部空间的智能管理。控制系统在接收到传感器的数据后，会根据预设的算法和规则对设备的运行状态进行调整。例如，在发现某个部件占用空间过大或运行轨迹与其他部件发生冲突时，控制系统会及时发出指令进行调整，以确保设备在有限的空间内能够安全、高效地运行。

（二）降低系统重量，提升性能

传统的机械设备往往使用重金属材料，虽然其结构强度高，但重量也相对较大。非金属材料是更轻、强度更高的新型材料，例如，碳纤维复合材料便是其中的佼佼者，不仅重量轻，而且具有极高的强度和刚度，能够在保持设备结构强度的同时，显著降低其重量，使得设备在运行时更为灵活，响应速度也更快，碳纤维复合材料还具有良好的耐腐蚀性，能够在恶劣的环境下长时间稳定工作，新型材料的共同特点是高性能、低重量，为设备的轻量化提供了有力支持。通过结构优化，可以在保证设备性能的前提下，进一步减轻设备的重量，优化涉及对设备的各个部件进行精确的计算和分析，以找到最佳的结构布局和材料选择，提高设备的运行效率，降低能耗，实现更为环保和节能的运行方式。实施结构优化时需要综合考虑多种因素，如设备的用途、工作环境、负载情况等。只有在对这些因素进行全面分析的基础上，才能制定出最为合理的优化方案。通过机电一体化技术的精确控制和优化，设备在减轻重量的同时，其性能往往也能得到提升。以高精度的机电设备为例，这些设备在减轻重量的同时，通过先进的控制系统和精确的传感器技术，实现了更高的运行速度和精度。这不仅提高了设备的生产效率，还降低了生产过程中的误差率，从而为企业节省了成本并提高了产品质量。通过优化设备的散热结构和使用高效的散热材料，降低设备的工作温度，提高其稳定性和可靠性，延长设备的使用寿命，减少因过热而导致的故障风险。

（三）实现更好的移动性与便携性

1. 轮式与履带式设计实现移动性

在现代工业生产中，对于需要经常移动或在不同场所使用的设备，机电一体化技术提供轮式与履带式设计等更为灵活的移动解决方案。轮式设计主要适用于平坦或相对平缓的地形，为设备安装轮子可以轻松地将其从一个地方移动到另一个地方。履带式设计则更适用于复杂地形，如泥泞、坡地、沙地等，履带能够提供更好的抓地力和稳定性，使设备能够在恶劣地形中顺利移动，在军事、救援、探险等领域具有广泛应用，如履带式挖掘机、装甲车等。

2. 可折叠与可拆卸设计

在便携性方面，机电一体化设备的可折叠与可拆卸设计主要是为了解决设备在运输和存储过程中的空间占用问题。可折叠设计的核心思想是通过特殊的机械结构和连接方式，使设备在不需要使用时可以折叠成一个体积较小的设备，从而节省空间。例如，一些便携式的机电设备，如折叠式电动车、折叠式无人机等，都采用了这种设计，设备在折叠后可以轻松放入汽车后备厢或背包中，非常适合需要经常携带和转移的使用场景。可拆卸设计则是通过将设备拆分成多个部分，以便于单独运输和存储，通常用于大型或复杂的机电一体化设备，设备可以分解为较小的单元，每个单元都可以单独搬运和存放，降低了运输成本，还使得设备的组装和拆卸过程更加灵活和高效。

3. 电池技术的改进提高便携性

电池技术的持续改进为机电一体化设备的提升带来了显著的便携性。许多设备由于电池续航时间短、重量大等缺点，限制了其便携性，新型电池材料的研发使得电池的能量密度大幅提高，机电一体化设备在保持相同续航能力的同时，可以搭载更轻、更小的电池，从而减轻了设备的整体重量和体积。快速充电技术使得设备在短时间内就能充满电，大幅缩短了充电时间，用户在使用设备时无须长时间等待充电，提高了设备的使用效率和便携性。新型电池还具有更长的使用寿命和更好的安全性能，减少了用户更换电池的频率和成本，降低了设备在使用过程中的安全风险。

四、机电一体化技术的创新

随着人工智能和机器学习技术的日益成熟，机电系统将更加智能化，这些技术能够使机电一体化系统具备自主决策、自我学习和自适应的能力。例如，在智能制造领域，通过集成 AI 技术，生产线能够自动调整生产策略，提高生产效率和灵活性。未来的机电一体化系统将更加依赖于高级的控制算法，如自适应控制，以实现系统的自我优化，这些算法可以根据实时数据自动调整系统参数，确保最佳性能并减少能耗。注重节能技术和环保材料的应用。例如，使用高效能电机、优化能源管理系统以及采用可再生材料等都是可行的措施。在设计阶段就考虑产品的整个生命周期，包括其制造、使用、回收和处置等环节，以确保环境影响最小化。这要求机电一体化系统的设计者具备全面的环保意识，并在整个产品生命周期中持续进行优化。

模块化与标准化趋势，模块化设计允许将复杂的机电系统分解为多个独立且可互换的模块，简化了系统的设计和生产过程，使系统的维护、升级和替换变得更为便捷，例如，在工业自动化领域，模块化设计可以显著减少停机时间并降低维护成本。标准化接口促进不同系统的兼容性，随着机电一体化系统的日益复杂，确保不同系统之间的兼容性变得至关重要，标准化接口为实现这一目标提供了有效的手段，它允许不同厂商生产的设备和系统能够无缝对接和协作。为了提高操作效率和用户体验，未来的机电一体化系统将配备更加直观和友好的人机交互界面，充分利用图形化显示、触摸屏技术以及自然语言处理等功能，使用户能够更加方便地与系统进行交互。借助物联网和云计算等技术，机电一体化系统将实现远程故障诊断和预防性维护，技术人员可以远程监控系统的运行状态，及时发现并解决问题，从而减少停机时间和维护成本。

五、机电一体化技术在机械制造业的智能性

（一）技术融合发展趋势

1. 机电一体化发展

今后的发展方向主要以机械和电子技术为主。机电一体化指的是将机械与机电一体化进行有机组合，形成一个整体，进而使整个机电一体化系统更完善。实现对系统的自动化，通常由传输系统、供电系统、传感器等构成。将以上各个部分进行有机结合，就完成了一个完整的操作系统的构造。相对于传统的机电模式，其不仅对系统内部的工作环境进行了协调，还确保了系统的运转效率可以达到更高的水平，使运行环境更安全稳定。

2. 网络化与控制智能化发展

毫无疑问，在今后的机械和电气工程中，自动化将是一个重要的发展趋势。相关行业可着重使用网络技术和信息技术，以实现机电工程的自动化控制。该功能是将计算机和网络相结合，形成一个有机体的技术体系，为建立机电工程的内控制度打下坚实的技术基础。利用网络作为支持，构建一个自动化控制系统，能降低工程成本，并对机电工程的运营环境进行改善。

3.结构设计标准化，模块化发展

标准化和模块化是机电工程自动化未来发展的关键。在机电工程内部结构运行设计中，设计人员要根据以上两个关键词，对机电工程内部结构部件和布置进行优化，从而使得机电工程系统的内部结构和功能更完善，延长了机电工程系统的使用寿命，促进机电行业的迅速发展。伴随全球经济一体化进程的加快，外资、合资公司看到了机遇，纷纷进驻中国。这类公司一般起步较高、技术水平较高、装备数量多，要求应用电子自动控制的技术。同时，为提升产品的品质和数量，很多企业不仅进行技术改造，还引入更先进的电气自动化技术。

目前，我国的机电一体化设备、PLC控制技术、现场总线技术、变频技术等已被广泛地运用到各个领域，尤其是在行业内，原来的工作人员只懂传统控制方式，所以在今后的5～10年里，我国急需一大批高水平、技能过硬的专业人才，以满足和适应日益增长的新技术需求。

（二）智能化与机电一体化技术融合

机电一体化技术是一种综合技术，涉及范围很广。该系统融合了微电子技术、计算机网络技术、自动处理技术、传感器检测技术与自动控制技术，推动了整个机械行业的快速发展。机电一体化技术在工业机器人制造、数字控制、计算机一体化制造等领域中占有举足轻重的地位。所以将智能化与机电一体化结合起来，既可以满足不同用户的个性化要求，又可以提升整个行业的机械化程度。在提升整个行业的工作效率的前提下，运用智能技术来增强机电一体化企业的核心竞争能力。在机电一体化生产环节中引入智能技术，可以极大地提高生产效率，更好地适应各种机械生产的需要。

机械制造的智能化和机电一体化的融合，在技术整合方面有着举足轻重的作用。智能技术属于比较宽泛的范畴，是机电一体化领域的一种综合技术，将大量的技术用于机电技术，并将其有机地结合起来，推进机电一体化技术的综合与多元化。在智能化与机电一体化的融合进程中，机械制造技术提高了生产效率，是技术体系建设的关键。

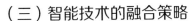

（三）智能技术的融合策略

1. 计算机技术发展

现在计算机技术发展迅速，越来越普遍，数码产品的设计与制造都有很好的基础，诸如虚拟设计、超级计算机等技术都非常发达。这为未来的人工智能研究奠定了坚实的基础。随着人工智能技术的不断发展，人们对其运行软件的要求也越来越高，如操作性强、可靠性高、具有自我诊断和维护能力等。电子设备可以达到一定的智能程度，可以进行远程控制，也可以进行自诊断和自愈。在这一点上，计算机数字控制（CNC）与传统的机械设备不同，它可以实现人机交互的智能化，例如设置 I/O 接口、增加人机对话、数据库的智能化更新等。将智能化技术和机电一体化相结合，可以极大地提高机械制造的技术水平，这是一种非常重要的技术，符合目前的发展趋势。随着人工智能技术的不断发展，智能化和机电一体化的融合程度将会大大提高，成为我国机械制造业的一大发展方向。所以，在未来的发展中，必须不断地进行技术创新，不断地引进新的理念，不断地运用新技术来提高产品的质量。

2. 现代信息技术交叉引入

信息技术是智能制造、机电一体化的重要支撑，而在智能制造与机电一体化的融合中，信息技术的交叉应用是必然的。机电技术是一门由多学科交叉发展而来的技术，它可以极大地改善人们的生活和生产。智能技术是以网络和大数据为基础的，所以要把机电一体化和机械制造的智能化有机地结合起来，尤其是要在智能化的大环境下，把信息技术的交叉应用到机械制造业中去；这有利于信息技术的交叉和融合，在未来的发展中，将会促进机械工业的发展。

3. 加大数控生产技术的应用力度

从我国机械制造业的发展现状来看，其发展还处在起步阶段，许多技术、设备和工艺还不成熟；要想继续发展，就必须有更多的机电一体化技术。在机械制造业中，要加强对数控技术的运用，使之在生产、加工中得到广泛的应用。数字控制 NC 技术可被用于机械制造的数据模拟、信息处理等方面，通过将制造数据一体化到一个统一的平台，对其进行系统的分析、处理和仿真，发现问题后及时处理，使机器制造的智能化操作更加精确。同时，利用数控技术和计算机软件在统计、绘图、NC 等方面的功能，将其与智能化、机电一体化技术有机结合起来，以达到对不同工艺的精确控制，提高产品的加工效率和加工精度。

4. 提升逆向工程与快速原型制造应用水平

在机电一体化领域中应用智能化技术，可以提高逆向工程与快速原型生产的应用。反向工程是对现有的产品进行再设计，它的生产流程与传统的工艺路线背道而驰，在船舶、汽车等行业中得到了广泛的应用，然而由于技术的局限性，它无法在各个方面得到充分的应用。但是，在智能技术和机电一体化的融合下，逆向工程技术和快速原型制造技术的发展迎来了新的机遇。反向工程是一种快速的原型生产技术。相对于传统的生产工艺，这一方法提高了生产效率，例如3D打印技术就是采用了反向工程技术和快速原型技术，使其具有更高的实用性。简化的生产方法使生产更加立体，降低了生产过程中的噪声。同时，这一生产方法对环境保护也是有利的。

第4章　轮机工程的技术进步与创新发展

在当今快速发展的工业时代，轮机工程作为船舶、能源和交通运输等行业的核心技术之一，正经历着前所未有的变革。这一变革的推动力，很大程度上来源于机电一体化技术的迅猛发展。机电一体化不仅融合了传统的机械工程与现代化的电子技术，更通过引入信息技术、智能化技术等前沿科技，为轮机工程注入了新的活力。本章将深入探讨轮机工程中先进技术的应用，以及机电一体化所带来的创新与变革。我们将从自动化技术、智能化技术、新材料技术等多个角度出发，详细剖析这些技术在轮机工程中的实际应用及其带来的效益。同时，我们也将关注机电一体化在轮机工程设计、制造、运营和维护等各个环节中的影响，以期为读者提供一个全面、深入地了解机电一体化在轮机工程中重要作用的视角。

通过本章的学习，读者将能够更清晰地认识到机电一体化对于轮机工程发展的推动作用，以及在这一进程中如何把握机遇、应对挑战，共同推动轮机工程技术向着更高效、更智能、更环保的方向发展。

先进技术在轮机工程中的应用

随着科技的飞速发展，轮机工程领域正不断迎来新的技术革新。这些先进技术不仅为轮机工程的设计和制造带来了革命性的变化，还在很大程度上提升了轮机的性能、效率和安全性。从自动化技术到智能化技术，从材料的重新应用到能源管理的优化，每一项技术的进步都在推动着轮机工程向前发展。本节将重点探讨这些先进技术在轮机工程中的具体应用。我们将深入了解自动化技术如何提升轮机的操作效率与安全性，智能化技术怎样助力轮机的预测性维护与智能决策，新材料技术如何增强轮机的性能与耐久性，以及能源管理和节能技术如何降低轮机的运营成本。通过这些探讨，我们将更清晰地认识到先进技术在轮机工程中的重要性，以及它们如何共同推动轮机工程技术的持续进步。

一、自动化技术

（一）在轮机工程中的应用概述

1. 轮机自动化的重要性与发展

在传统轮机管理中，大量的人力被投入到对机舱运行参数的监控和设备操作上，效率低下且存在一定的安全隐患，自动化技术的运用使轮机管理人员可以从繁重的手工操作中解脱出来，更多地投入到轮机系统的优化和维护工作中去。自动化技术能够实现对机舱中各种运行参数的实时监控，如温度、压力、转速等，确保这些参数在设定的安全范围内运行，一旦参数出现异常，自动化系统能够迅速做出反应，及时调整或者发出警报，从而大大减少了因人为失误导致的安全事故。自动化技术还能对主要机器设备进行自动操作，如自动启停、自动调节等。这不仅提高了设备的运行效率，还延长了设备的使用寿命，进一步提升了整个动力装置的运行可靠性。

2. 轮机自动化与船舶运营成本

自动化技术的运用，通过优化设备运行状态、减少能耗和物耗，有效地降低了船舶的运营成本，例如自动化系统可以根据船舶的实际运行情况和航行需求，智能调节燃油供给量，避免浪费；通过精确控制冷却水的温度和流量，确保发动机在最佳工作状态下运行，进一步提高燃油的利用效率。自动化技术还能减少轮机管理人员的数量和工作强度，降低人力成本。在传统的轮机管理中，需要大量的船员进行轮班监控和操作，自动化技术的引入使得这些工作只需由几名船员通过中央控制系统完成，大大提高了工作效率。轮机自动化技术的运用提高了船舶运行的安全性和经济性，推动了船舶技术管理水平的提升，通过自动化系统收集的大量运行数据，航运企业可以对船舶的运行状态进行更加深入的分析和评估，为后续的维护和改造提供有力的数据支持。自动化技术还为船舶的远程监控和管理提供了可能，通过互联网和卫星通信技术，航运企业可以实时获取船舶的运行数据和状态信息，及时发现并处理潜在的安全隐患。这种远程监控和管理模式不仅提高了船舶的运行效率和管理水平，还给航运企业带来了更大的竞争优势。

3. 轮机自动化与人员工作条件的改善

轮机自动化技术改善了轮机管理人员的工作条件。在传统的轮机管理中，船员需要长时间在嘈杂、闷热、充满油污的环境中工作，这不仅影响了他们的工作效率和身心健康，还增加了安全事故的风险。自动化技术的引入，使得大部分监控和操作工作可以在中央控制室内完成。这里环境舒适、设备先进，大大提高了船员的工作效率和满意度。自动化技术还减少了船员与危险设备和有害物质的直接接触，进一步保障了他们的职业安全和健康。

（二）自动化控制系统的基本原理及组成

自动化控制系统的基本原理及组成是一个相对复杂且引人入胜的话题。在现代工业自动化领域中，自动化控制系统发挥着举足轻重的作用，它大大提高了生产效率，降低了人工成本，同时使得生产过程中的各项参数得以精确控制，从而保证了产品质量和生产安全。

1. 自动化控制系统的基本原理

自动化控制系统的基本原理可以概括为"感知—决策—执行"的循环过程。这一系统通过高度集成化的计算机技术和传感器技术，不断地感知生产环境中的各种参数，如温度、湿度、压力、流量等，然后根据这些参数进行智能决策，最后通过执行器精确地执行控制指令，以达到对生产环境的精确控制。在这个过程中，数据的采集和处理是自动化控制系统的核心。传感器作为系统的"感知器官"，实时捕捉生产环境中的各种变化，并将这些信息转换成系统可以理解的电信号。控制器则扮演着"大脑"的角色，它接收传感器的信号，根据预设的控制算法进行处理，并输出相应的控制指令。执行器则是系统的"手足"，负责将控制器的指令转化为实际的操作，从而实现对生产环境的实时控制。

2. 自动化控制系统的组成

传感器是自动化控制系统的感知部分，它的作用是将被测量的非电量（如温度、压力、流量等）转换成电信号，以便于后续的传输和处理。传感器的种类繁多，根据不同的测量需求，可以选择不同类型的传感器。例如，温度传感器可以感知环境温度，压力传感器可以测量液体或气体的压力，而流量传感器则可以监测流体的流量。传感器的精度和稳定性对于自动化控制系统的性能至关重要。高精度的传感器能够提供更准确的数据，从而提高系统的控制精度。同时，稳定性好的传感器能够长时间稳定工作，减少系统故障的可能性。

控制器是自动化控制系统的核心部分，它负责接收传感器的信号，并根据预设的控制算法对这些信号进行处理和分析。控制器通常由微处理器或计算机系统组成，具有强大的数据处理能力和灵活的控制策略。在控制器中，预设的控制算法是关键。这些算法可以根据不同的控制需求进行设计，如比例—积分—微分（PID）控制、模糊控制、神经网络控制等。控制算法的选择直接影响到系统的控制效果和稳定性。控制器具有故障诊断和自我保护功能，当系统出现故障时，控制器能够及时发现并采取相应的保护措施，以防止故障扩大或造成更严重的后果。

执行器是自动化控制系统的输出部分，它的作用是根据控制器的指令来控制生产过程中的各个操作单元。执行器的种类也很多，常见的有电动机、气动执行器、液压执行器等。在自动化控制系统中，执行器的响应速度和精度直接影响到系统的控制效果。快速响应的执行器能够更及时地执行控制指令，而高精度的执行器则能更准确地实现控制目标。

自动化控制系统还包括通信模块、人机界面（HMI）等辅助部分。通信模块负责实现控制器与其他设备之间的数据传输和信息交换，而人机界面则提供了操作人员与控制系统进行交互的平台。

（三）自动化控制系统的应用与发展

自动化控制系统广泛应用于工业生产的各个领域，如机械制造、石油化工、电力电子等。随着科技的进步和工业的发展，自动化控制系统的功能越来越强大，性能也越来越稳定。随着物联网、大数据和人工智能等技术的不断发展，自动化控制系统将朝着更智能化、更高效化的方向发展。例如，通过引入机器学习和深度学习等技术，系统可以自我学习和优化控制策略；通过云计算和大数据分析技术，系统可以实现对生产过程的实时监控和预警等。

二、智能化技术

（一）自动化与智能化技术的应用概述

1. 自动化与智能化技术的定义和发展

自动化技术是指利用各类控制设备和系统，实现对机器、设备或生产过程的自动控制与管理，以提高生产效率、质量和安全性。智能化技术则是指利用计算机、传感器、人工智能等高科技手段，赋予机器和系统感知、推理、学习和决策能力，实现智能化的自主操作和应用。随着信息技术、通信技术和人工智能技术的飞速发展，自动化与智能化技术在各个领域的应用越来越广泛，它不仅能够提高生产效率和产品质量，还能够实现人机协作、个性化定制等更加智能化的服务与应用。未来，随着物联网、大数据、云计算等新一代信息技术的不断渗透，自动化与智能化技术将更加紧密地融合，成为推动科学技术和社会经济发展的重要力量。

在工业领域，自动化与智能化技术的发展趋势主要表现在以下方面：智能制造将成为主要发展方向，包括智能工厂、智能供应链、智能产品等，通过生产过程的智能化和智能设备的广泛应用，实现生产过程的高效、灵活和个性化。人工智能技术的应用将更加广泛，如机器学习、深度学习、自然语言处理等技术将赋予设备和系统更强的智能化能力，实现更加智能化的生产和管理。自动化技术将向着更加柔性化、模块化和通用化的方向发展，以适应不断变化的市场需求和生产模式。此外，自动化与智能化技术的融合也将进一步加强，如智能传感器、智能控制系统、智能决策支持系统等将更加紧密地结合，共同构建一个智能化的生产与管理体系。

2. 轮机设计中的自动化与智能化

在船舶轮机设计中，自动化与智能化应用范围与需求体现在以下方面：（1）船舶轮机系统需要实现自动化控制，包括发动机的自动调节、船舶航行的自动导航、货物装卸的自动化操作等，以提高船舶操作的安全性和效率性。（2）智能化技术的应用可以帮助船舶轮机实现设备状态的实时监测与诊断，通过智能化的故障预测和维护管理，提高轮机设备的可靠性和可维护性。另外，船舶轮机系统还需要利用智能化技术实现能源管理优化，包括燃料的智能节约利用、船舶航行参数的智能优化调整等，以提升船舶的能源利用效率和环境友好性。可以看出，自动化与智能化技术在船舶轮机设计中的应用范围十分广泛，其关键需求在于提升船舶操作的安全性、效率性和可持续性，为船舶轮机系统的发展和运营带来更大的技术支持和创新可能。

（二）轮机自动化控制系统设计

1. 系统框架与组成

船舶轮机自动化控制系统的基本框架与组成部分主要包括以下方面：（1）传感器和执行器。传感器用于采集船舶轮机系统的各种参数，如温度、压力、转速等，而执行器则用于控制船舶轮机系统的各种执行元件，如阀门、调速器等。（2）数据采集与处理单元。负责对传感器采集到的数据进行采集、处理和转换，生成可供控制系统使用的有效数据。（3）控制器，包括逻辑控制器和调节控制器，逻辑控制器实现对船舶轮机系统各个部件的逻辑控制，调节控制器负责对各个控制回路进行建模、优化和控制。（4）人机界面和通信接口。人机界面用于与船员进行交互，提供系统运行状态、警报和操作界面，通信接口则用于与其他设备或系统进行数据交换和信息传递。这些组成部分共同构成了船舶轮机自动化控制系统的基本框架，实现了对船舶轮机系统的自动化控制和操作，提高了操作的安全性、稳定性和效率性。

2. 控制系统的设计方法

船舶轮机自动化控制系统设计涉及多种不同类型的船舶和轮机，因此其设计方法和技术也有所不同。一种常见的设计方法是基于规则的控制系统，其中使用预定义的规则和逻辑来实现对船舶轮机的控制，如设定特定温度和压力的阈值来触发相应的控制操作。另一种设计方法是基于模型的控制系统，利用数学模型对船舶轮机系统进行建模和仿真，并根据模型预测结果进行控制决策和优化调节。此外，还存在基于智能算法的控制系统设计，如基于神经网络、遗传算法和模糊逻辑等的智能控制方法，用于自主学习和适应船舶轮机系统的动态变化和复杂性。这些设计方法和技术相互结合，通过优化和整合，可以实现船舶轮机自动化控制系统的高效、稳定和可靠运行，提高船舶操作的安全性和效率性。

3. 船舶性能优化的应用

船舶轮机自动化控制系统在船舶性能优化中的应用主要体现在以下方面：（1）自动化控制系统可以通过精确控制船舶轮机系统的参数，如发动机转速、舵角等，优化船舶的动力性能，提高船舶的速度、加速度和操纵性能。

（2）自动化控制系统可以根据实时变化的环境条件（如风力、波浪等）自动调整船舶轮机系统的工况参数，实现最佳能源利用和燃油消耗的优化，从而提高航行效率和节能降耗。另外，自动化控制系统还可以通过智能算法和数据分析，对船舶轮机系统的运行状态进行实时监测和诊断，提前预测故障和优化维护计划，从而减少船舶停工时间和维修成本，提高船舶可靠性和可维护性。船舶轮机自动化控制系统在船舶性能优化中的应用，可以最大限度地提升船舶的性能和效率，实现船舶的安全、经济和环保运行。

（三）智能化诊断与维护技术

1. 故障诊断与监测技术

船舶轮机故障诊断与监测技术主要用于实时监测和诊断船舶轮机系统的故障状态。这些技术利用传感器和数据采集系统获取船舶轮机系统的各种参数，如振动、温度、压力等，通过数据分析和处理方法，建立故障诊断模型和算法。这样，在船舶轮机系统运行过程中，可以对这些参数进行实时监测，并与诊断模型进行比较分析，以判断其是否存在故障。当系统检测到潜在的故障时，就会发出警报或报警信号，通知船舶人员或自动化控制系统进行相应的维护操作。这些技术的应用可以帮助船舶人员提前发现和定位轮机系统的故障，减少船舶停工时间和维修成本，从而提高船舶的可靠性和可维护性。此外，船舶轮机故障诊断与监测技术还可以通过大数据分析和机器学习算法，实现故障预测和健康管理，帮助船舶公司进行维护计划的优化和决策，进一步提高船舶的运行效率和经济性。

2. 基于机器学习和人工智能的诊断方法

船舶轮机智能诊断方法利用大数据和智能算法来实现船舶轮机系统的故障诊断和预测。（1）通过传感器和数据采集系统收集船舶轮机系统的各种参数、性能和振动数据，并将其存储在数据库中。（2）利用机器学习算法，如支持向量机、神经网络等，对大量的数据进行分析和学习，建立船舶轮机故障的模型。该模型会根据已知的故障样本和特征，自动地寻找和学习故障特征之间的关系和规律。（3）在船舶轮机系统实时运行时，将采集到的实时数据输入训练好的模型中，通过模型对实时数据进行分析和比较，从而判断其是否存在潜在故障。根据诊断结果，系统可以发出警报或建议维护措施。此外，人工智能技术中的深度学习还可以通过对大量数据的学习和挖掘，实现对船舶轮机系统故障的自主诊断，进一步提高准确性和效率。这种基于机器学习和人工智能的船舶轮机智能诊断方法可以实现对船舶轮机系统的快速和准确的故障诊断，帮助提高船舶的可靠性和维护效率，减少船舶的停工时间和操作风险。

3. 智能化维护技术在船舶轮机设计中的应用

智能化维护技术在船舶轮机设计中的应用主要体现在以下方面：（1）智能化维护技术可以通过对船舶轮机系统的设计和分析，识别和优化关键组件的可维护性，如合理安排维护点和维修空间，考虑设备易损件的更换和维修，以降低维护难度和时间成本。（2）智能化维护技术通过传感器和监测系统实时监测轮机系统的运行状态和健康状况，利用数据分析和算法进行故障诊断和预测，提前预知故障发生的可能性，并建议相应的维护和保养策略，从而减少停工时间和降低维修成本，提高船舶的可靠性和维护效率。（3）智能化维护技术还可以通过建立数据库和知识库，记录和组织船舶轮机系统的历史维护和故障信息，为未来的维护和决策提供参考依据，实现故障分析和知识分享，进一步优化维护计划和提高船舶轮机系统的可维护性和可靠性。

三、新材料技术

（一）新型材料在轮机部件制造中的应用

新型材料在轮机部件制造中的应用日益广泛，新材料具有优异的物理和化学性能，能够显著提高轮机的效率性、耐久性和可靠性。高强度轻量化材料降低了船舶自重，提高了运输效率和燃油效率；耐腐蚀材料延长了设备使用寿命，降低了维护成本；高温耐磨材料确保轮机设备在高温高压环境下的稳定运行。未来会有更多具有优异性能的新型材料被应用于轮机部件制造中，推动轮机技术的持续进步。

1. 高强度轻量化材料的应用

近年来，高强度轻量化材料，如碳纤维增强复合材料（CFRP）和玻璃纤维增强复合材料（GFRP），在轮机部件制造中得到了广泛应用。这些材料以其高强度、高模量和轻量化的特点，显著降低了船舶的自重。船舶自重的减轻意味着在相同的动力下，船舶可以获得更快的速度和更远的航程，进而提高船舶的运输效率。同时，轻量化的船体还能有效降低燃油消耗，提高燃油效率，减少运营成本，这对于航运业来说具有极其重要的意义。

2．耐腐蚀材料的应用

在海洋环境中，轮机部件常常受到海水、盐雾等腐蚀性物质的侵蚀，导致设备性能下降、使用寿命缩短。为了解决这一问题，耐海水腐蚀的不锈钢和镍基合金等材料被广泛应用于轮机部件的制造中。这些材料具有出色的耐腐蚀性，能够在恶劣的海洋环境中长期保持稳定的性能，从而有效延长轮机设备的使用寿命。耐腐蚀材料的应用不仅提高了设备的可靠性，还减少了维修和更换的频率，降低了维护成本。

3．高温耐磨材料的应用

船舶发动机在工作过程中会产生高温和高压，因此对材料的耐磨性和耐高温性提出了极高的要求。为了满足这些要求，陶瓷复合材料和高温合金等高温耐磨材料被广泛应用于轮机部件的制造中。这些材料具有出色的耐高温、耐磨损性能，能够在高温高压的工作环境下保持稳定的性能，确保轮机设备的正常运行。高温耐磨材料的应用不仅提高了轮机设备的可靠性和稳定性，还降低了设备的故障率，为船舶的安全航行提供了有力保障。

（二）新材料对轮机性能和耐久性的提高

新材料在轮机工程中的应用已经变得不可或缺，它们对提高轮机性能和耐久性起到了至关重要的作用。这些新材料通过其独特的物理和化学性质，显著地改善了轮机的各项性能指标，延长了设备的使用寿命，并为轮机的高效、稳定运行提供了有力保障。

1．高强度轻量化材料提升轮机性能

高强度轻量化材料，如碳纤维增强复合材料（CFRP）和玻璃纤维增强复合材料（GFRP），在轮机部件制造中的广泛应用，对提升轮机性能起到了关键作用。这些材料的最大优势在于其轻质且强度高，这使得轮机在保持结构强度的同时，能够大幅度减轻自身重量。轮机重量的减轻对于提高船舶的速度和燃油效率具有直接影响。在相同的动力输出下，更轻的轮机意味着船舶能够更快地达到预定速度，并且由于减少了摩擦力和阻力，燃油的消耗也随之降低。这不仅提升了船舶的运行效率，还降低了运营成本，对于航运业的节能减排和可持续发展具有重要意义。高强度轻量化材料的优异性能还体现在其对振动和噪音的抑制上。由于这些材料具有较高的阻尼性能，能够有效地吸收和分散振动能量，从而降低轮机运行过程中的振动和噪声水平。这不

仅提高了船员和乘客的舒适度，还减少了因振动引起的设备疲劳损坏，进一步延长了轮机的使用寿命。

2. 耐腐蚀材料延长轮机使用寿命

在海洋环境中，轮机部件常常受到海水、盐雾、潮湿等腐蚀性因素的侵蚀。这些因素会加速金属材料的氧化和腐蚀过程，导致轮机性能下降、设备损坏甚至引发安全事故。为了解决这一问题，不锈钢、镍基合金以及其他特种耐海水腐蚀材料被广泛应用于轮机部件的制造中。这些耐腐蚀材料具有优异的抗腐蚀性能，能够在恶劣的海洋环境中长期保持稳定的化学性质和物理性质。它们不仅能够抵御海水的侵蚀，还能有效防止因腐蚀而引起的设备泄漏、断裂等严重问题。因此，耐腐蚀材料的应用显著延长了轮机设备的使用寿命，减少了维修和更换的频率，降低了运营成本和维护费用。耐腐蚀材料提高了轮机的可靠性，减少了腐蚀因素的影响，轮机在运行过程中更加稳定可靠，减少了因设备故障而引发的停机时间和安全事故的风险，保障船舶的正常运行以及乘客、货物的安全。

3. 高温耐磨材料增强轮机工作能力

船舶发动机在工作过程中会产生极高的温度和压力，对轮机部件的耐磨性和耐高温性提出了严峻的挑战。为满足这些极端工作条件，陶瓷复合材料、高温合金等高温耐磨材料被广泛应用于轮机关键部件的制造中。高温耐磨材料具有出色的耐高温和耐磨损性能，能够在高温高压的工作环境下保持稳定的机械性能和化学性质，能够承受极高的温度而不发生变形或熔化，还能有效抵抗磨损和冲刷作用，确保轮机设备的长期稳定运行。高温耐磨材料的应用显著增强了轮机在高温高压环境下的工作能力，提高了设备的可靠性和稳定性。这意味着轮机能够在更恶劣的工作条件下正常运行，减少因高温磨损而引起的设备故障和停机时间，减少磨损和损坏的风险，轮机的维护频率也会相应降低，节省维护成本和时间资源。

四、节能技术和策略

（一）轮机能源管理系统的设计

1. 发动机技术改进

在轮机动力系统中，发动机技术改进是实现节能与环保设计的重要手段之一。通过发动机技术改进，可以提高发动机的热效率和燃烧效率，减少能量损耗和排放物产生。一方面，通过改进燃烧过程，改进喷油系统，采用高压缩比等措施，可提高燃烧效率，降低燃油消耗，减少碳排放。另一方面，应用废热回收技术，利用发动机废气和废热产生热能或驱动辅助设备，能提高热效率，减少能源浪费。此外，发动机技术改进还包括采用先进材料和制造工艺，减轻发动机重量，降低机械损失；应用智能控制系统，实现精确的燃油供给和发动机运行管理，以提高整体性能。

2. 船体和推进系统优化设计

在轮机动力系统中，船体和推进系统优化设计是实现节能与环保设计的另一重要手段。在船体设计中，通过减少阻力、改进船型、减少摩擦阻力等措施，可减少船舶的能耗和碳排放，提高推进效率。在推进系统设计中，采用先进的推进器和传动装置，可提高推进效率、减少能耗和排放物，推进效率性和灵活性，降低能耗和排放物。此外，在轮机动力系统设计中，考虑多种因素，进行综合优化，最大程度地降低能耗和排放物。

3. 能效管理和操作优化策略

在轮机动力系统中，能效管理和操作优化策略是实现节能与环保设计的关键措施。能效管理包括对船舶运行数据的综合分析和优化，制定经济最优航速、控制车速、调整发电机负荷等操作措施，最大程度地优化轮机动力系统的能源消耗和排放。操作优化策略包括定期维护和设备更新、船员培训和技能提升、科学化的船舶管理和维修等措施。定期检修和更新轮机设备，可以避免故障发生，保障船舶安全和增强能效。科学化的船舶管理和维修，可以提高船舶的整体性能和使用寿命，使降低能耗和减少污染排放同步实现。

（二）节能技术在轮机工程中的应用

1. 系统级可行性和经济性分析

在轮机动力系统的节能环保设计中，需要进行系统级的可行性和经济性分析。在可行性分析中，需要考虑技术可行性、操作可行性和环保可行性等因素。技术可行性包括所采用技术的可行性和稳定性；操作可行性包括系统的可操作性和可靠性；环境可行性包括系统的环境影响和污染性。经济性分析主要考虑成本效益和投资回报等经济指标，包括系统的资本成本、运营成本、维护成本和能源成本等。通过系统级的可行性和经济性分析，可以提供设计决策的科学依据，并确保设计方案的可行性和经济可行性。

2. 综合考虑的优化方法

在轮机动力系统的节能环保设计中，需要综合考虑性能、经济和环境指标并进行优化。这种优化方法基于多目标优化理论和实践，旨在平衡系统的性能、经济和环境效益。通过开发和应用复杂的数学模型和优化算法，可以实现对轮机配置、控制策略和操作参数的综合优化。在优化过程中，需要考虑各种因素，如燃料消耗、污染物排放、系统可靠性和经济性等。这样可以选择最佳的技术、系统配置和操作策略，以实现节能减排和环保的目标，同时确保系统的经济性和可行性。

机电一体化引领的创新与轮机工程变革

随着科技的不断演进，轮机工程正经历着一场由机电一体化技术引领的深刻变革。机电一体化是融合了机械、电子和信息技术的综合性领域，是一种全新的工程理念和实践方法的体现。在轮机工程中，机电一体化的应用正日益广泛，深度整合各种先进技术，机电一体化为轮机带来了更高的运行效率、更强的稳定性和更出色的性能，不仅提升了轮机的整体竞争力，还为用户带来了更为优质的使用体验。机电一体化正推动着轮机工程领域的创新与变革，传统的轮机设计模式正在被打破，智能化、自动化的新型轮机系统具备更高的自主性和适应性，能在复杂多变的工作环境中保持优异的性能。本节将详细探讨机电一体化的多个方面，包括技术融合、系统集成、智能化与自动化的深度融合等，通过具体的案例分析，展示机电一体化在轮机工程中的实际应用效果，以及它是如何推动整个行业的变革与发展的。

一、机电一体化的技术融合

（一）机械工程机电一体化技术概述

1. 机械工程的技术分析

要提高机械体的技术，我们应该从机器本身的重量、性能和精度开始。

首先，有必要优化机器本身的重量，减轻机器本身的重量，使机器的使用更加方便，同时提高机器的性能。其次，金属材料可以被非金属复合材料替代，从而提高机械性能。最后，更换材料后，可以减少机械磨损和维修，从而提高工作效率。

2. 电子技术分析

机电一体化系统中的自动电子技术主要是体现在机电一体化系统设计过程中的自动控制技术和系统中的高频、集成、高效率和全控制系统等电子技术的优势和特点，这可以有效地控制和促进机电智能一体化自动控制系统的设计和运行，优化机电一体化自动控制系统的功能和动力以及资源配置，降低机电智能一体化控制系统的动力和资源的消耗，提高机电一体化控制系统的自动智能化和系统集成一体化的程度。

3. 信息处理设备和技术的分析

随着先进的微电子信息处理技术的应用和推广，机电的一体化信息处理技术也得到了突破性的发展。因此，为了进一步提高机电的一体化信息处理技术，有必要创新和提高机电的一体化信息处理技术领域中的一体化信息处理设备和技术。机电相关的人员也可以通过国内最新的机电一体化信息处理技术，结合国外的一些相关研究和理论，创新和提高发展机电的一体化信息处理技术领域中的一体化信息处理技术。从而提高机电的一体化信息处理技术的可靠性和信息处理质量和效率，促进机电的一体化信息处理技术的应用和发展。在汽车行业也要利用机电一体化信息处理技术，对其进行更加准确的分析，推动汽车行业的发展。

4. 传感技术分析

传感技术的应用是机电控制系统一体化过程控制系统设计中的一项关键技术，在机电控制系统一体化过程控制系统中对其应用起着重要的技术指导作用。传感技术的应用可以有效地利用传感器的电流和频率来提高过程控制命令的准确性和传输速度。传感技术首先需要充分关注传感器的干扰性能，这直接决定了充分关注传感器对技术的干扰复杂程度。因此，相关的研究工作人员在深入研究各种传感器的干扰技术时，应进一步提高充分关注传感器的干扰性能，以有效地降低传感技术的复杂性和干扰程度。在汽车行业中，应用传感技术进行机电一体化分析，可以使系统在机械工程中得到应用，从而推动汽车行业的发展。

5. 软件技术分析

在机电一体化软件技术的实际应用过程中，主要任务是对相关机械和软件设备进行管理和控制，因此要有效促进机电一体化软件系统的建设和发展，就必须不断完善相关软件和设备。如果机械和相关的软件设备跟不上机电一体化设备的技术发展，机电一体化的系统可能会在技术上受到一定的限制和影响。因此，在机电一体化软件系统的技术研究中，应及时制定一系列相关软件和设备实际使用的标准，以有效促进机电一体化系统软件技术的研究和发展。

（二）电子技术与信息技术的深度融合

电子技术与信息技术的深度融合，在机电一体化领域中是相辅相成的关系，这在理论上得到了充分的论证。以电梯控制系统为例，在现代电梯控制系统中，微处理器技术的引入与系统工程学的理念相结合，共同构建了一个高度智能化的控制系统，实现了电梯的智能化管理，运行机制完全自动化，提高了运行效率和安全性。微处理器的精确计算和快速响应能力，配合系统工程学的优化设计理念，让电梯在各种复杂环境下都能保持高效、稳定的运行状态。

计算机辅助设计和制造（CAD/CAM）系统的应用是电子与信息技术融合的具体应用，系统利用计算机技术，将设计者的创意和指令迅速转换为机器能理解的精确动作，提高了设计和制造的效率，使产品的质量和精度得到了显著提升。CAD/CAM 系统是电子技术与信息技术完美结合的产物，也是推动现代制造业向前发展的重要力量。

（三）技术融合带来的新功能与性能

机电一体化在于它跨学科的综合融合特性。在这一领域中，传感器技术、控制技术等多个学科的知识和技术共同协作，提高了机电一体化产品的创新和优化，机电一体化产品具备新的功能和性能。例如，在自动化生产方面，通过精确的传感器技术和先进的控制算法，机电一体化产品能够实现高效、准确的生产流程控制，提高生产效率，降低人为因素导致的误差和浪费，这种跨学科融合还使得生产线能够快速调整，以适应不同产品的生产需求，从而进一步提高了生产的灵活性和多样性。在能源的精细控制方面，机电一体化也展现出了其独特的优势。通过综合运用电子技术、信息技术以及控制技术等，机电一体化产品能够实现对能源的高效利用和精细管理。这不仅有助于降低能源消耗，提高能源利用效率，还为企业带来了可观的经济效益和环境效益。

二、机电一体化的系统集成

（一）系统集成的构建

作为一个关键的技术概念，系统集成在现代工程技术领域中是指通过高效的方式将不同的系统、设备、应用以及数据进行有机整合，使这些独立的元素能够协同工作，从而显著提升整体的工作效率和性能。在轮机工程中，系统集成的应用显得尤为重要，它不仅关乎轮机系统的稳定运行，还直接影响到轮机工程的经济效益和安全性能。

1. 系统集成的目的

系统集成的核心概念在于"整合"与"协同"。在现代轮机工程中，往往涉及众多复杂的子系统和设备，这些子系统和设备可能来自不同的供应商，拥有各自的控制逻辑和数据格式。系统集成的目标就是将这些异构的子系统和设备进行无缝连接，实现数据的共享和流程的协同。通过这种方式，可以最大限度地提高整个轮机系统的运行效率和响应速度，同时降低运营成本和维护难度。系统集成的目的不仅在于提高系统的整体性能，更在于创造一个更加灵活、可扩展的技术架构。这种架构能够轻松应对未来可能出现的新需求和新挑战，为轮机工程的持续发展提供坚实的技术支撑。

2. 集中监控与管理构建的系统集成

在轮机工程中，系统集成的一个重要应用就是实现集中监控与管理。传统的轮机系统往往采用分散式的监控方式，这种方式不仅效率低下，还容易出现监控盲区，给系统的安全运行带来隐患。通过系统集成，可以将轮机系统的各个部分纳入一个统一的监控平台中，实现全方位、无死角的实时监控。集中监控与管理的优势在于能够及时发现并解决问题。当系统出现故障或异常时，监控平台会立即发出警报，并准确定位故障点，为维修人员提供准确的故障信息和维修指导。这不仅可以大大减少停机时间和维修成本，还可以提高轮机系统的整体可靠性和稳定性。

3. 优化资源配置的系统集成

系统集成在轮机工程中发挥着优化资源配置的重要作用。轮机系统是一个复杂的工程系统，涉及多种资源的分配和利用，包括能源、人力和材料等。在传统的轮机工程中，资源的分配和利用往往依赖人工经验和粗略的估算，这种方式不仅效率低下，而且容易造成资源的浪费。通过系统集成，可以实现对轮机系统资源的精确配置和优化利用。系统可以根据实时的运行数据和历史记录，智能地分析出各种资源的需求和供给情况，从而制定出最优的资源分配方案。这种方式不仅可以提高资源的利用效率，降低运营成本，还可以为轮机系统的可持续发展提供有力的支持。

4. 轮机运行系统的集成

在当今高度自动化的工业环境中，轮机系统的自动化水平直接影响到其运行效率和准确性。通过系统集成，可以实现轮机系统的全面自动化运行，从而大大提高工作效率和减少人为失误。系统集成能够将各种传感器、执行器和控制系统紧密连接在一起，形成一个高度智能化的自动控制系统。这个系统能够根据实时的运行数据和预设的控制逻辑，自动调整轮机的运行状态和参数，确保其始终保持在最佳的工作状态。同时，自动化控制系统还可以实现远程操作和监控，从而进一步提高轮机系统的便捷性和灵活性。

5. 轮机系统安全性方面的系统集成

安全性是轮机系统运行的首要考虑因素。系统集成通过实时监控和预警机制，能够及时发现潜在的安全隐患，并采取相应的应对措施，从而确保轮机系统的安全运行。系统集成可以将各种安全传感器和监控系统整合在一起，形成一个全方位的安全防护网。一旦系统检测到任何异常情况或潜在的安全风险，它会立即触发预警机制，通知相关人员及时采取措施进行处理。这种快速响应和预防措施可以大大降低事故发生的概率，保障轮机系统的稳定运行和人员的生命安全。

（二）集成化系统提高轮机的整体性能

1. 提升运行效率

集成化系统通过自动化和智能化的管理，显著提升了轮机的运行效率。在传统的轮机操作中，人为干预是不可或缺的，但这也带来了效率上的瓶颈和潜在的错误风险。集成化系统的引入，大大减少了这种人为干预的需求。

自动化控制系统在集成化系统中扮演着核心角色。这一系统能够实时收集和分析轮机的各种运行数据，如温度、压力、转速等，并根据这些数据自动调整轮机的运行状态。例如，在轮机负载较轻时，系统可以自动降低转速，减少能耗；而在轮机负载增加时，系统又能迅速提升转速，确保轮机始终在最优的工作效率下运行。集成化系统的智能化管理还体现在对轮机运行模式的优化上。系统可以根据历史数据和实时情况，自动选择最合适的运行模式，从而进一步提高效率。这种智能化的管理方式，不仅使轮机运行更加高效，还降低了操作人员的负担，让他们有更多的精力去处理其他复杂的问题。

2. 降低能耗

能耗是轮机运行中的一个成本因素，过高的能耗会增加运营成本，也会对环境造成不良影响。集成化系统通过实时监测和调整轮机的能耗情况，有效地降低了这一成本。系统通过传感器实时收集轮机的能耗数据，包括燃油消耗、电力消耗等，并对这些数据进行分析。当发现能耗异常时，系统会及时发出警报，并提示操作人员进行检查和调整。同时，系统还可以根据实际需求自动调整轮机的运行状态，以降低能耗。例如，在航行过程中，当船舶需要减速或停泊时，系统可以自动减少燃油供应，从而降低能耗。集成化系统还可以对轮机的能源利用效率进行持续优化。通过分析历史能耗数据和运行参数，系统可以找出能源利用的瓶颈和浪费点，并提出优化建议。这些建议可以帮助操作人员更好地调整轮机的运行状态，进一步提高能源利用效率。

3. 增强稳定性与可靠性

轮机的稳定性和可靠性是保障其正常运行的关键因素，集成化系统通过集成多个子系统和传感器，实现了对轮机各项参数的实时监测和预警，增强了轮机的稳定性和可靠性。系统可以实时监测轮机的温度、压力、振动等关键参数，一旦发现异常情况，如温度过高、压力过低等，系统会立即发出警报并提示操作人员进行处理。这种及时的预警机制可以有效防止故障的发生和扩大，保障轮机的稳定运行。集成化系统还可以对轮机的各个子系统进行全面的状态监测和故障诊断。当某个子系统出现故障时，系统可以迅速定位故障点并提供相应的处理建议。这不仅减少了故障排查的时间成本，还提高了故障处理的准确性。通过这些措施，集成化系统显著增强了轮机的稳定性和可靠性，减少了故障发生的可能性。

4. 优化维护周期

合理的维护周期可以延长轮机使用寿命和降低维护成本。集成化系统根据轮机的使用情况和历史数据，可以智能地预测维护需求并制订合理的维护计划。系统通过收集和分析轮机的运行数据、故障记录等信息，可以准确评估轮机的健康状况和性能衰减趋势，基于这些数据和分析结果，系统可以为操作人员提供科学的维护建议，包括维护时间、维护项目等，避免了过度维护或维护不足的情况发生，确保了轮机在最佳状态下运行。集成化系统帮助操作人员制订长期的维护计划，通过分析历史数据和预测未来的使用需求，系统可以规划出合理的维护周期和预算，为轮机的长期使用提供有力保障。这种优化维护周期的做法不仅延长了轮机的使用寿命，还减少了因维护不当而导致的停机时间和成本损失。

三、智能化与自动化的深度融合

（一）机电一体化中智能化与自动化的关系

在深入剖析机电一体化技术时，我们不也要探讨智能化与自动化的紧密关系。这两者不仅是技术发展的产物，更是推动现代工业不断前行的关键力量。

1. 自动化是机电一体化的基础

自动化是机电一体化不可或缺的基础。在工业自动化的浪潮中，自动化技术使得机械系统能够依据预先设定的程序和指令，准确无误地完成一系列复杂的操作流程。这种技术的运用，极大地提高了生产效率，降低了人工成本，并且减少了人为操作带来的误差。自动化的核心在于其能够精确地执行命令，无论是简单的重复动作，还是复杂的工艺流程，都能通过自动化技术高效、准确地完成。在机电一体化系统中，自动化技术就如同人体的骨骼和肌肉，支撑着整个系统的运作，确保其稳定、可靠地运行。

2. 智能化是自动化的决策者

智能化技术是在自动化的基础上，通过融合现代控制理论、计算机科学、模糊数学等前沿科技，使机电系统具备了一定的"思考能力"。这种"思考能力"体现在系统能够根据实际情况进行自主决策和调整，从而更好地适应工作环境的变化。智能化的引入，使得机电一体化系统不仅仅是一台执行预设命令的机器，而是变成了一个能够"思考"的智能体。它能够根据实时数据调整自身的工作状态，优化生产流程，甚至在出现故障时进行自我诊断和修复。这种智能化的转变，不仅提高了系统的灵活性和适应性，更使工业生产变得更加高效、智能。

3.　智能化与自动化的相辅相成

在机电一体化技术中，智能化与自动化是相辅相成的。自动化为智能化提供了坚实的操作平台，确保了系统的基础运行稳定可靠。而智能化则为这个平台注入了更高的灵活性和适应性，使得机械系统能够更好地应对各种复杂多变的工作环境。这种相辅相成的关系体现在多个方面。首先，在生产过程中，自动化技术确保了生产流程的高效执行，而智能化技术则根据实际情况对生产流程进行优化调整，提高了生产效率和产品质量。其次，在设备维护方面，自动化技术实现了设备的定期检查和保养，而智能化技术则能够预测设备可能出现的故障并提前进行预警和维护，从而延长设备的使用寿命并降低维修成本。

（二）智能化与自动化深度融合的实现方法

1.　数据融合与共享

数据是智能化与自动化的基础。为了实现深度融合，首先需要构建一个统一的数据平台，该平台能够整合机电系统中各个组成部分的数据信息。通过高速的数据传输网络和高效的数据处理技术，人们可以确保数据的实时性、准确性和完整性。在这样的数据平台上，来自不同传感器、控制器和执行器的数据被融合在一起，形成一个全面反映系统工作状态的数据集。这些数据不仅为智能化决策提供了有力支持，还能够帮助管理人员及时发现潜在问题，优化生产流程。为实现数据共享，还需要制定统一的数据标准和接口规范，使不同厂商、不同型号的设备都能够顺畅地交换数据，从而打破信息孤岛，提升整个系统的协同效率。

2.　引入先进算法

智能化与自动化的深度融合离不开先进算法的支持。现代控制理论、模糊数学、神经网络等算法在提升系统智能化水平方面发挥着重要作用。例如，现代控制理论可以帮助人们设计更稳定、更快速的控制系统；模糊数学则能够处理那些难以用精确数学模型描述的问题；神经网络则具有强大的学习和适应能力，可以帮助系统不断优化自身的性能。通过引入这些先进算法，人们可以使机电系统在面对复杂多变的工作环境时，能够做出更快速、更准确的反应。这不仅可以提高生产效率，还能够确保生产过程的安全性和稳定性。

3. 模块化设计

模块化设计是实现智能化与自动化深度融合的另一种有效方法。通过将机电系统划分为若干个功能模块，人们可以使每个模块都具有特定的功能和接口。这样，当需要更新或升级某个功能时，只需要替换或修改相应的模块，而不需要对整个系统进行大规模的改动。模块化设计不仅提高了系统的可维护性和可扩展性，还为智能化与自动化的灵活结合提供了便利。例如，人们可以根据实际需求，将不同的智能化算法和自动化技术集成到相应的模块中，从而实现定制化的解决方案。

4. 人机协同

在智能化与自动化的融合过程中，不能忽视人的作用。人机协同是实现深度融合的重要环节。通过合理的人机界面设计，操作人员能够方便地监控和调整系统的运行状态。同时，操作人员的判断力和经验也可以帮助系统优化性能、处理异常情况。为了实现人机协同，人们需要加强操作人员与系统的交互能力培训，提升他们对智能化与自动化技术的理解和掌握程度。此外，人们还可以通过引入虚拟现实、增强现实等技术手段，为操作人员提供更加直观、便捷的操作体验。这样不仅可以提高工作效率，还能够确保生产过程的安全性和可靠性。同时，人机协同也为人与机器的共同发展提供了可能，有助于实现人与技术的和谐共生。

第5章　机电一体化的实践案例分析

　　成功案例的借鉴对于轮机工程机电一体化改造具有深远的意义。成功案例为后来者提供了宝贵的经验和参考，在轮机工程机电一体化改造中，先行者的成功案例往往经过了反复试验和优化，他们走过的路、遇到的问题以及解决的方法，对于后来者来说都是极为宝贵的财富。通过借鉴这些案例，后来者可以更加明确改造的目标和方向，避免走弯路，从而提高项目的成功率。成功案例有助于提高改造者的信心和动力，正面的激励作用能够推动勇于尝试和创新，促进整个行业的进步。通过借鉴成功案例，可以更快地掌握这些关键技术和方法，从而缩短项目的研发周期，降低技术风险。在借鉴成功案例的过程中，团队成员可以共同学习和探讨，加深对项目的理解和认识。这种共同学习和探讨的过程有助于增强团队的凝聚力和协作精神，为项目的顺利实施提供有力保障。本章将介绍已实施机电一体化的案例研究，并从中总结成功案例的经验和教训。

已实施机电一体化的案例研究

　　机电一体化技术已成为轮机工程领域创新的重要驱动力，通过深度融合机械、电子和信息技术，机电一体化为轮机工程带来了前所未有的性能提高和操作便捷性。本节将深入探讨几个已实施机电一体化的典型案例，案例不仅展示了机电一体化在轮机工程中的实际应用效果，还反映了这一技术如何助力工程效率的提升和安全性的增强。通过详细剖析这些案例，我们希望能够为业界提供有益的参考和启示，推动轮机工程向更加智能化、高效化的方向发展。

一、自动化智能技术在船舶轮机设计中的应用案例

（一）背景介绍

随着科技的进步和航运行业的发展，自动化与智能化技术在船舶轮机设计中的应用逐渐崭露头角。船舶轮机设计是关乎船舶性能、效率和安全的关键领域，而自动化与智能化技术的应用则为船舶轮机带来了全新的可能性。通过本文的研究和分析，以期能够全面了解自动化与智能化技术在船舶轮机设计中的应用效果，为未来的技术发展和实际应用提供重要的指导和推动。总体而言，船舶轮机设计的自动化与智能化技术应用将为船舶行业带来更高效、更安全、更可持续的发展。

（二）自动化与智能化技术的应用概述

1. 自动化与智能化技术的定义和发展趋势

自动化技术指利用各类控制设备和系统，实现对机器、设备或生产过程的自动控制与管理，以提高生产效率、质量和安全性。而智能化技术则是指利用计算机、传感器、人工智能等高科技手段，赋予机器和系统感知、推理、学习和决策能力，实现智能化的自主操作和应用。随着信息技术、通信技术和人工智能技术的飞速发展，自动化与智能化技术在各个领域的应用也越来越广泛。自动化与智能化技术的应用不仅能够提高生产效率和产品质量，而且还能够实现人机协作、个性化定制等更加智能化的服务与应用。随着物联网、大数据、云计算等新一代信息技术的不断渗透，自动化与智能化技术将更加紧密地融合，成为推动科学技术和社会经济发展的重要力量。

在工业领域，自动化与智能化技术的发展趋势表明，智能制造将成为主要发展方向，包括智能工厂、智能供应链、智能产品等，通过生产过程的智能化和智能设备的广泛应用，实现生产过程的高效、灵活和个性化。人工智能技术的应用将更加广泛，如机器学习、深度学习、自然语言处理等技术将赋予设备和系统更强的智能化能力，实现更加智能化的生产和管理。自动化技术将向着更加柔性化、模块化和通用化的方向发展，以适应不断变化的市场需求和生产模式。此外，自动化与智能化技术的融合也将进一步加强，如智能传感器、智能控制系统、智能决策支持系统等将更加紧密地结合，共同构建一个智能化的生产与管理体系。

2. 船舶轮机设计中的自动化与智能化应用范围与需求

在船舶轮机设计中，自动化与智能化应用范围与需求体现在以下方面：（1）船舶轮机系统需要实现自动化控制，包括发动机的自动调节、船舶航行的自动导航、货物装卸的自动化操作等，以提高船舶操作的安全性和效率性。（2）智能化技术的应用可以帮助船舶轮机实现设备状态的实时监测与诊断，通过智能化的故障预测和维护管理，提高轮机设备的可靠性和可维护性。另外，船舶轮机系统还需要利用智能化技术实现能源管理优化，包括燃料的智能节约利用、船舶航行参数的智能优化调整等，以提升船舶的能源利用效率和环境友好性。可以看出，自动化与智能化技术在船舶轮机设计中的应用范围十分广泛，其关键需求在于提升船舶操作的安全性、效率性和可持续性，为船舶轮机系统的发展和运营带来更多的技术支持和创新可能。

（三）船舶轮机自动化控制系统设计

1. 自动化控制系统的基本框架与组成部分

船舶轮机自动化控制系统的基本框架与组成部分主要包括：（1）传感器和执行器。传感器用于采集船舶轮机系统的各种参数，如温度、压力、转速等，而执行器则用于控制船舶轮机系统的各种执行元件，如阀门、调速器等。（2）数据采集与处理单元负责对传感器采集到的数据进行采集、处理和转换，生成可供控制系统使用的有效数据（3）控制器包括逻辑控制器和调节控制器，逻辑控制器实现对船舶轮机系统各个部件的逻辑控制，调节控制器负责对各个控制回路进行建模、优化和控制。（4）人机界面和通信接口，人机界面用于与船员进行交互，提供系统运行状态、警报和操作，通信接口则用于与其他设备或系统进行数据交换和信息传递。这些组成部分共同构成了船舶轮机自动化控制系统的基本框架，实现了对船舶轮机系统的自动化控制和操作，提高了操作的安全性、稳定性和效率。

2. 船舶轮机自动化控制系统的设计方法和技术

船舶轮机自动化控制系统设计涉及多种不同类型的船舶和轮机，因此其设计方法和技术也有所不同。一种常见的设计方法是基于规则的控制系统，其中使用预定义的规则和逻辑来实现对船舶轮机的控制，如设定特定温度和压力的阈值来触发相应的控制操作。另一种设计方法是基于模型的控制系统，利用数学模型对船舶轮机系统进行建模和仿真，并根据模型预测结果进行控制决策和优化调节。此外，还存在基于智能算法的控制系统设计，如基于神经网络、遗传算法和模糊逻辑等的智能控制方法，用于自主学习和适应船舶轮机系统的动态变化和复杂性。这些设计方法和技术相互结合，通过优化和整合，可以实现船舶轮机自动化控制系统的高效、稳定和可靠运行，提高船舶操作的安全性和效率性。

3. 自动化控制系统在船舶性能优化中的应用

船舶轮机自动化控制系统在船舶性能优化中的应用主要体现在：（1）自动化控制系统可以通过精确控制船舶轮机系统的参数，如发动机转速、舵角等，优化船舶的动力性能，提高船舶的速度、加速度和操纵性能。（2）自动化控制系统可以根据实时变化的环境条件（如风力、波浪等）自动调整船舶轮机系统的工况参数，实现最佳能源利用和燃油消耗的优化，从而提高航行效率和节能降耗。另外，自动化控制系统还可以通过智能算法和数据分析，对船舶轮机系统的运行状态进行实时监测和诊断，提前预测故障和优化维护计划，从而减少船舶停工时间和维修成本，提高船舶可靠性和可维护性。船舶轮机自动化控制系统在船舶性能优化中的应用，最大限度地提升了船舶的性能和效率，实现了船舶的安全、经济和环保运行。

（四）船舶轮机智能化诊断与维护技术

1. 船舶轮机故障诊断与监测技术概述

船舶轮机故障诊断与监测技术主要用于实时监测和诊断船舶轮机系统的故障状态。这些技术利用传感器和数据采集系统获取船舶轮机系统的各种参数，如振动、温度、压力等，通过数据分析和处理方法，建立故障诊断模型和算法。这样，在船舶轮机系统运行过程中，可以对这些参数进行实时监测，并与诊断模型进行比较分析，以判断其是否存在故障。当系统检测到潜在的故障时，就会发出警报或报警信号，通知船舶人员或自动化控制系统进行相应的维护操作。这些技术的应用可以帮助船舶人员提前发现和定位轮机系统的故障，减少船舶停工时间和维修成本，从而提高船舶的可靠性和可维护性。此外，船舶轮机故障诊断与监测技术还可以通过大数据分析和机器学习算法，实现故障预测和健康管理，帮助船舶公司进行维护计划的优化和决策，进一步提高船舶的运行效率和经济性。

2. 基于机器学习和人工智能的船舶轮机智能诊断方法

船舶轮机智能诊断方法利用大数据和智能算法来实现船舶轮机系统的故障诊断和预测。通过传感器和数据采集系统收集船舶轮机系统的各种参数、性能和振动数据，并将其存储在数据库中。利用机器学习算法，如支持向量机、随机森林和神经网络等，对大量的数据进行分析和学习，建立船舶轮机故障的模型。该模型会根据已知的故障样本和特征，自动寻找和学习故障特征之间的关系和规律。在船舶轮机系统实时运行时，将采集到的实时数据输入到训练好的模型中，通过模型对实时数据进行分析和比较，从而判断是否存在潜在的故障。根据诊断结果，系统可以发出警报或建议维护措施。此外，人工智能技术中的深度学习还可以通过对大量数据的学习和挖掘，实现对船舶轮机系统故障的自主诊断，进一步提高准确性和效率性。这种基于机器学习和人工智能的船舶轮机智能诊断方法可以实现对船舶轮机系统的快速和准确的故障诊断，帮助提高船舶的可靠性和维护效率，减少船舶停工时间和操作风险。

3. 智能化维护技术

智能化维护技术在船舶轮机设计中的应用主要体现在以下方面：（1）智能化维护技术可以通过对船舶轮机系统的设计和分析，识别和优化关键组件的可维护性，如合理安排维护点和维修空间，考虑设备易损件的更换和维修，以降低维护难度和时间成本。（2）智能化维护技术通过传感器和监测系统实时监测轮机系统的运行状态和健康状况，利用数据分析和算法进行故障诊断和预测，提前预知故障发生的可能性，并建议相应的维护和保养策略，从而减少停工时间和降低维修成本，提高船舶的可靠性和维护效率。3）智能化维护技术还可以通过建立数据库和知识库，记录和分析船舶轮机系统的历史维护和故障信息，为未来的维护和决策提供参考依据，实现故障分析和知识分享，进一步优化维护计划和提高船舶轮机系统的可维护性和可靠性。

（五）对应用意义的总结

在船舶轮机设计中，自动化与智能化技术的引入对船舶的运行效率、性能和安全性产生了重要影响。本文通过对比实验数据，深入分析了技术应用的效果，并评估了其对船员操作、管理以及行业规范的符合程度。结果表明，自动化与智能化技术的应用显著提升了船舶轮机设计的水平，为航运行业的发展提供了重要支持。未来，科技不断进步，期待自动化与智能化技术在船舶轮机设计中的持续创新与发展，为船舶运输行业的可持续发展贡献更多可能。持续关注技术的实际应用效果，并不断优化改进，以推动船舶轮机设计的持续升级与演进。

二、机电一体化数控技术在机械加工中的应用案例

（一）背景介绍

机电一体化数控技术在机械加工中取得普遍运用，真正实现了制造加工的网络化、智能化。通过对系统组织与结构配置进行优化，让设备得到了合理应用，提高了机械加工效率与质量，让企业能够在如今越发激烈的市场竞争中占据优势。

（二）机电一体化数控技术

通过机电一体化数控技术构成层面来看，这一技术具有一定的综合性，其中包含了诸多专业的学科技术，并且对现代化信息技术、微电子技术、机电控制技术三者展开了有机结合。在实际生产过程中，该技术的运用可以进一步提高我国工业生产的自动化质量，使其具备良好的适用性。系统在实际运转过程中，机电一体化数控技术可以与系统运转当下状态相结合，采用相应的控制对策，对系统展开合理控制，进而起到完善系统资源配置的根本目的，大幅度减少有关生产机械设备的能源消耗情况，提升有关机械运转过程中的精密度，同时也可以起到进一步提高机械运转自动化水平，属于一类信息化、现代化的工业生产技术。对于数控技术自身而言，其所具有的优势，主要是可以将数字化指令对机械展开有效控制。与以往人力控制手段相比较而言，数控技术常常具备一定的控制精度，可以有效避免人力操作造成的误差，在有效提高机械运转效率的同时，也能够大幅度降低人工操作成本。

（三）机电一体化数控技术在机械加工中的应用

1. 实时监控

机电一体化数控技术的运用，能够为机械加工的诸多方面带来正面影响，无论是加工方式还是技术手段，都可以充分发挥出智能化、信息化性能，能够对机械传动系统、液压电动机装置等进行在线实时监控。在机械加工过程中通过机电一体化数控技术的运用，不但可以充分掌握系统当下运转的实际

情况，储存、搜索有关数据信息，为机械加工提供有利依据，并且可以对加工设备的实际运转情况进行实时掌握。若在运转过程中出现安全故障，那么实时监控系统则可以立即发出警报，而相关人员只需与具体情况相结合，便可找出故障所在位置，从而对故障进行妥善解决，确保机械加工工作能够得到有序开展，如此能够大幅度减少安全故障可能性。在总体运转过程中，机电一体化数控技术还能够为有关人员提供有效的安全保障，降低设备维修管理的难度，优化加工步骤，进而提高设备的使用寿命。

2. 提高资源使用率

在对机电一体化数控技术进行实际运用的进程中，机械加工时所产生的能源消耗情况，也会得到大幅度降低，这是因为机电一体化数控技术可以进一步提高系统自动化能力，与系统实际运转情况相结合，采用具有针对性的对策，对机械运转状态进行合理调整，确保有关机械可以长时间维持高效运转状态。因此，系统运转过程中所产生的能源消耗情况，也可以得到明显降低。与此同时，因为系统自动化水平的提升，有些生产步骤可以利用机械来进行操作，从而减少以往人为操作失误所造成的加工精密度不足，导致施工原材料出现浪费的情况。由此可见，机电一体化数控技术的运用，还能够有效减少能源的消耗，为我国产业的良好发展提供有力支持。

3. 提升机械加工智能化水平

通过对以往数控加工模式进行调查与分析可以知道，其需要凭借预先设计好的加工步骤，来进一步提高机床自动化加工水平。但由于此种形式具备一定的复杂性、烦琐性，在编写程序时常常需要消耗大量时间，而且在实际加工进程中，应当严格依照预先编制好的程序来展开，一旦在实际加工环节时出现突发情况，系统则缺少良好的自主判断能力。通常情况下，还是会依照预先编写好的程序来进行操作。如此，则会进一步加大安全事故所导致的损失。而在如今机电一体化数控技术快速发展的背景下，智能化算法开始在机械加工中得到大量运用，在智能算法与精密传感器的大力支持下，已然可以真正实现加工时的自我测量与自我分析，系统可以依据所采集到的数据信息，第一时间发现加工时所存在的问题，如此则充分杜绝了加工安全事故的发生，从而使有关企业获取到最大化的经济效益与社会效益。

4. 网络化创新

在机械加工环节，需要与诸多因素达到一定程度上的契合效果，才能在众多领域中发挥出良好的作用。在如此前提条件下，自身的多方面协作效果就需要有一个良好的沟通环境来为其提供有力支持，需要以高质量、高效率的工作模式，来具体展开机械加工内容。因涉及的领域与内容相对较多，而一台机械所影响的车间就需要包含数百台设备，经过对各个设备发出运行指令，需要在网络环境下下达执行命令，执行命令会依据指令的具体信息与要求，实施相应的设备运行方式，可以在机械加工阶段达到网络化生产的根本目的，并且在与电子化设施进行结合设计的过程中，能够在总机上集合控制系统集体工作，保证所有设备能够依据电子控制单元的命令要求进行运转，促进机械加工与电子化科学技术的密切融合，为其整体效果提供良好的基础。

5. 提高全程监控诊断故障效率

提高全程监控诊断故障的整体效率，也可以说是在线监测技术的一个重点内容，其能够更加科学地对生产过程进行监测和管理，主要在发动机和供油设施方面具体展开。依据设备具体的运行情况，如果在生产过程中发现设备存在异常现象，能够进行自动报警，如此便可以充分减少相关人员的整体工作量，以及对管理人员的总体配置数量，最大程度提高设备在日常生产过程中的管理与维护效率，同时也能够帮助管理者快速收集到有效的数据信息，再依据具体情况，采取科学、合理的方案来降低其中所存在的安全风险。

6. 提升安全保障能力

与其他各个行业领域相比而言，机械加工行业在运行过程中会存在较多的安全隐患，因受到作业环境较为复杂的因素影响，导致人员出现危险的概率相对较高，因此对机械的相关工作监管也会更加严谨，在各环节设备中强化对于机电一体化技术的应用，能够使其安全系数得到显著提升，充分保障工作人员在工作过程中的人身安全，促进日常生产能够得到全面管理，并且通过应用现代化技术，还能够促进远程监控及操作，有效提升其安全保障效果。

7. 柔性化方面的应用

柔性化对机械的加工工艺发展能够通过实际情况调整起到促进作用，需要相关企业对其进行高度重视，在原有基础上进行深入的分析，不断优化各项相关工作内容，与工作实际情况相结合，对生产形式进行合理的创新与优化。

例如，对于各种农业机械、动力机械、运输机械等，各机械领域对产品有着自身的个性化要求，并且机械加工过程需要对各项生产需求进行满足。因此，要结合不同产品所具有的特点，对其进行合理调整，从而达到柔性化的效果与价值。

8. 虚拟技术的应用

在自动化技术与机械加工制造实施虚拟化技术应用过程中，主要是将整体制造过程通过虚拟技术手段进行显著提升，同时还要将信息控制技术与虚拟软件应用技术进行有效融合，促进对全过程的机械加工工作，进行高效的自动化管理与控制，唯有在机械加工制造领域融入更多的自动化技术，才能够进一步提高其整体工作效率和工作质量，而应用自动化技术中的虚拟化技术效果，不但能够充分分析作业阶段的各项参数数据，还能够快速发现工艺流程中所存在的问题，并解决问题，从而进一步提升机械化加工管理水平。

（四）应用意义的总结

在我国制造业快速发展的背景下，机电一体化数控技术在机械加工进程中取得普遍应用。该技术的运用能够进一步提升生产效率，减少机械维修次数，及时发现并妥善处理有关故障，减少企业投资成本，延长设备应用年限，使相关企业真正取得良好发展。因此，企业应结合实际情况，加大对新型技术的运用，提高自身的竞争能力，使其在如今越发激烈的市场中占据一定优势，真正意义上取得可持续发展。

实践中的成功经验与挑战

在实践机电一体化的过程中，企业虽然积累了丰富的成功经验，但也面临着一系列的挑战。本节将聚焦于实践中的成功经验和所遇到的挑战，深入探讨如何在不断变化的技术和市场环境中保持创新力和竞争力。通过分享这些宝贵的经验和应对挑战的策略，我们期望能够为正在进行或计划进行机电一体化改造的企业提供有益的指导和建议，助力他们在这一领域取得更大的成功。

一、成功经验分享

（一）技术选型的准确性

在机电一体化改造的进程中，技术的选择无疑是最为关键的起点。技术选型的准确性不仅直接影响到项目的成败，更关乎企业未来的竞争力和市场地位。我们的项目团队对此有着深刻的认识，并在项目初期就投入了大量的精力进行市场调研和技术分析。

1. 深入市场调研的重要性

在项目启动之初，要意识到市场调研的重要性，只有通过深入了解市场上的技术趋势、竞争对手的应用情况以及用户的需求，人们才能做出明智的技术选择。项目团队开展了一系列的市场调研活动，包括与行业领先企业的交流、参加行业展会、收集和分析市场报告等。调研活动可以使我们对机电一体化技术的市场现状有更为全面的了解，不同的技术在市场上的应用情况和用户反馈各不相同，而轮机工程对技术的稳定性和可靠性有着极高的要求。在选择技术时，人们必须充分考虑技术的成熟度和市场接受度。

2. 技术分析得细致入微

在进行了深入的市场调研后，项目团队开始了对机电一体化技术的详细分析。对比各种技术的优缺点，包括其性能、成本、可维护性、可扩展性等多个方面，邀请行业专家和学者进行技术咨询，以获取更为专业的意见和建议。在技术分析的过程中，特别注重技术的实用性和创新性。实用性是确保技术能够在实际应用中发挥作用的关键，而创新性则是推动项目持续发展的重要动力。经过深入的分析和讨论，我们逐渐明确了技术选型的方向和目标。

3. 结合实际需求与未来趋势进行综合考量决策

在市场调研和技术分析的基础上，人们进一步对轮机工程的实际需求和未来发展趋势进行了综合考量，一个成功的技术选型不仅要满足当前的需求，还要能够适应未来的变化。在选择技术方案时，人们充分考虑了技术的可扩展性和灵活性。人们希望所选择的技术不仅能够支持现有的轮机工程系统，还能够在未来进行平滑的升级和扩展。人们还关注了技术与未来行业标准的兼容性，以确保人们的项目能够紧跟行业发展的步伐。综合以上各个方面的考量，人们最终选定了最适合的技术方案。这一方案不仅满足了轮机工程的实际需求，还具有很高的市场潜力和发展前景。人们相信，这一技术选型将为项目的顺利实施奠定坚实的基础，并推动轮机工程向更高水平发展。人们在技术选型过程中始终坚持以实际需求为导向的原则，没有被市场上花哨的技术所迷惑，而是紧紧围绕项目的核心需求和目标进行决策。这种务实的态度让人们能够更加专注于项目的实施和发展，避免了不必要的风险和浪费。

4. 技术选型后的验证与优化

技术选型完成后，为了确保所选技术的可行性和可靠性，人们进行了一系列的验证和优化工作，搭建了实验平台，对所选技术进行了全面的测试和评估。通过这些实验，人们验证了技术的性能和稳定性，并发现了一些潜在的问题和改进空间。针对实验中暴露出的问题，人们及时与技术供应商进行了沟通和反馈。在双方的共同努力下，人们对技术方案进行了优化和改进，使其更加符合实际需求和应用场景。这一过程不仅提升了我们对技术的理解和掌握程度，还为后续的项目实施奠定了更加坚实的基础。技术选型的准确性是机电一体化改造项目成功的第一步，确保了项目的顺利实施和发展前景，为我们带来了更多的市场机遇和竞争优势。

（二）团队协作的高效性

在机电一体化改造项目中，团队协作的高效性是推动项目顺利进行的关键因素。这种高效性并非偶然，而是源于明确的分工和有效的沟通机制，它们共同构建了一个和谐、有序且富有创造力的团队环境。

1. 明确的分工与合理的任务分配

项目开始之初，人们就充分认识到了明确分工的重要性。一个优秀的团队不是简单的个体集合，而是通过合理的分工，让每个成员都能在自己擅长的领域发挥最大的价值。因此，人们根据项目需求，结合每位团队成员的专业背景和技能特长，进行了详尽的任务分配。例如，机械工程师负责机械设计和优化，电气工程师专注于电气系统和电子控制单元的开发，而软件工程师则致力于编写和调试系统软件。这种分工不仅使得每个团队成员能够专注于自己的专业领域，提高了工作效率，还确保了项目各个环节的专业性和质量。

2. 定期的项目进展会议

为了确保团队协作的高效性，人们建立了定期的项目进展会议制度。这些会议不仅是为了汇报工作进度，更是一个交流和解决问题的平台。在会议上，每个团队成员都会分享自己的工作进展、遇到的问题以及下一步的计划。通过这种方式，我们能够及时发现并解决项目中的潜在问题，避免小问题积累成大问题，从而影响项目的整体进度。同时，会议还促进了团队成员之间的了解和信任，增强了团队的凝聚力和向心力。

3. 有效的沟通机制

沟通是团队协作的桥梁和纽带。为了确保沟通的有效性，我们建立了多种沟通渠道，包括正式的会议、非正式的讨论以及在线协作平台等。这些沟通渠道为团队成员提供了便捷的信息交流方式，使得信息能够在团队内部快速、准确地传递。我们鼓励团队成员之间的开放式沟通和建设性反馈。无论是关于项目的技术细节，还是关于团队协作的建议和意见，都可以在团队内部自由讨论和交流。这种开放式的沟通氛围不仅有助于解决问题，还能激发团队成员的创新思维和协作精神。在团队协作过程中，我们非常重视技术交流与知识共享。我们深知，一个团队的力量不仅在于个体的能力，更在于团队整体的知识储备和创新能力。因此，我们定期组织技术交流会议，邀请团队成员分享各自领域的新技术、新方法和新经验。这些技术交流会议不仅丰富了团队成员的知识体系，还促进了不同专业领域之间的交叉融合。通过这种交流与共享，我们团队的整体技术实力得到了显著提升，为项目的顺利实施提供了有力的技术支持。

4. 团队文化与协作精神的培育

鼓励团队成员之间互相支持、互相帮助，共同面对挑战和困难。同时，我们也创造积极向上、勇于创新的团队氛围，让团队成员能够在轻松愉快的环境中充分发挥自己的才能和潜力。这种团队文化和协作精神的培育不仅提高了团队成员的工作满意度和归属感，还进一步强化了团队协作的高效性。在我们的项目中，团队协作已不仅仅是一种工作方式，更是一种团队精神和文化的体现。团队协作的高效性是我们机电一体化改造项目成功的重要保障，推动了项目的顺利实施，还为我们团队未来的发展奠定了坚实的基础。

（三）项目管理的科学性

1. 精细化项目计划与进度安排

在项目启动阶段，我们就投入了大量精力来制订精细化的项目计划和进度安排。不仅涉及整体项目的时间线规划，还包括各个阶段的详细任务划分、资源分配以及关键节点的设定。我们充分考虑了项目可能遇到的各种风险和挑战，为可能出现的问题预设了解决方案，并在计划中留有一定的缓冲时间，以应对不可预见的情况。进度安排的制定同样严谨而细致。我们根据项目的实际情况，将长期目标分解为短期可实现的里程碑，每个里程碑都对应着具体的完成时间和交付物。这种细化的进度管理使得项目团队能够清晰地了解当前的工作重点和下一步的行动方向，从而保证了项目的高效推进。

2. 严格执行与实时监控

制订了详尽的项目计划和进度安排后，我们更强调了计划的严格执行。通过定期的进度会议和实时的工作汇报，我们对项目的实施情况进行了持续跟踪和监控。一旦发现有偏离计划的情况，我们会迅速分析原因，并采取相应的调整措施，确保项目能够回归到既定的轨道上。我们还利用项目管理软件，实现了对项目进度、资源使用、风险控制等方面的数据化管理。这种管理方式不仅提高了信息的透明度和准确性，还使得项目团队能够在第一时间获取到关键数据，从而做出更为明智的决策。

3. 完善的质量管理体系

在追求项目进度的同时，我们也从未忽视项目质量的重要性。为此，我们建立了一套完善的质量管理体系，对项目的各个阶段进行严格的质量控制。从设计、采购到施工、调试，每一个环节都有明确的质量标准和检验流程。我们设立了专门的质量管理团队，负责监督和检查项目的各个环节是否符合既定的质量标准。一旦发现问题，质量管理团队会立即提出整改意见，并监督问题直到彻底解决。这种严格的质量管理确保了项目的最终成果能够达到预期的要求，甚至超越客户的期望。

4. 风险管理与应对措施

在项目管理过程中，我们还特别注重风险的管理和应对。我们通过识别项目的潜在风险点，制定了相应的风险应对策略和预案。这些策略包括风险规避、风险减少、风险转移等，旨在将项目风险降至最低。我们建立了风险监控机制，定期对项目的风险状况进行评估和分析。这种持续的风险管理确保了我们在面对突发情况时能够迅速做出反应，保障项目的顺利进行。

二、面临的挑战与应对策略

（一）技术难题

1. 机电设备的复杂性与操作难度

机电一体化的核心在于整合机械、电子、控制等多个领域的技术，实现设备的智能化、自动化。然而，这种整合也带来了设备复杂性的增加。机电设备由众多精密部件组成，每个部件都有其特定的功能和操作要求。操作不当不仅可能导致设备故障，还可能对操作人员的人身安全构成威胁。我们首先从提高操作人员的技能水平入手，加强了对操作人员的专业培训，通过理论学习和实践操作相结合的方式，确保他们全面、深入地了解机电设备的结构和工作原理。制定了严格的操作规程，要求操作人员在使用设备时严格遵守，从而最大程度地减少人为操作失误的可能性。

2. 缺乏实际操作经验

缺乏实际操作经验也是我们在机电一体化实施过程中遇到的一个重要问题。尽管操作人员在培训中学习了理论知识，但在实际操作中仍然可能遇到各种意想不到的情况。为了弥补这一不足，我们加大了对实验室设备的投入，为学员提供了更多的实际操作机会。通过在实验室中模拟真实的工作环境，让学员在实际操作中不断积累经验，提高应对突发情况的能力。定期组织学员进行经验分享和交流，让他们从彼此的实际操作中汲取灵感和经验，共同提升操作水平。

3. 软硬件调试过程中的相互干扰

在机电一体化的调试过程中，硬件和软件之间的相互干扰是一个常见且棘手的问题。由于机械部件、电子元件和控制系统之间的紧密联系，任何一方面的故障都可能对整个系统造成影响。特别是当软硬件之间存在不兼容或配置不当时，很容易导致系统运行不稳定或出现故障。我们优化了调试流程，提高了调试效率，引入了先进的调试工具和技术，对软硬件进行了细致的测试和校准，确保它们能够协同工作。同时，我们还加强了团队成员之间的沟通与协作，确保在调试过程中能够及时发现并解决问题。此外，我们还定期组织团队成员学习电子、计算机等相关知识，提升他们的专业素养和解决问题的能力。

4. 持续的技术更新与创新需求

随着科技的飞速发展，机电一体化技术也在不断更新换代。新的技术、新的材料和新的工艺不断涌现，为机电一体化的实施带来了更多的可能性。然而，这也意味着人们需要不断学习新技术、掌握新技能，以适应不断变化的市场需求和技术趋势，建立完善的技术更新机制和创新体系。人们与行业领先的研究机构和高校保持密切合作，及时获取最新的技术信息和研究成果。同时，还鼓励团队成员积极参与技术创新和研发活动，通过实践，探索新的技术应用和解决方案。这种持续的技术更新和创新精神不仅提升了人们的技术实力，也为人们在激烈的市场竞争中保持领先地位提供了有力支持。

（二）兼容性问题

1. 问题来源与确认

在面对兼容性问题时，人们首先需要明确问题的根源。很多时候，这类问题的出现与系统更新紧密相关。随着操作系统的升级、硬件设备的换代，以往在旧系统上运行良好的软件或硬件可能无法在新环境中顺畅工作。为了精确地定位问题，人们对系统进行了全面的检查，包括软件版本、硬件配置以及网络连接等各个方面。在确认了问题与系统更新有关后，人们进一步分析了更新的具体内容，以及这些更新可能对现有系统产生的影响。这一步骤至关重要，因为它不仅帮助我们理解了问题的本质，还为后续的解决方案提供了有力的依据。

2. 更新软件或驱动程序

针对兼容性问题，人们首先考虑的是通过更新软件或驱动程序来解决问题。很多时候，软件开发商会在新版本中修复与最新操作系统的兼容性问题。因此，人们访问了相关软件的官方网站，或使用软件自带的更新功能，及时获取并安装了最新版本。在更新过程中，人们严格按照软件开发商提供的更新指南进行操作，确保每一步都准确无误。更新完成后，我们重新测试了软件在新系统中的运行情况，发现大部分兼容性问题都得到了有效解决。

3. 使用兼容性模式

尽管软件更新能够解决大部分兼容性问题，但在某些特定情况下，新版本的软件可能仍然无法在旧系统上顺畅运行。这时，我们考虑使用 Windows

系统的兼容性模式来尝试运行旧软件。兼容性模式是一种特殊的运行模式，它允许用户为特定的应用程序指定一个较早的操作系统版本环境，从而使其能够在新的操作系统上正常运行。人们通过设置软件的兼容性属性，选择了与软件原始运行环境相匹配的操作系统版本。经过测试，人们发现这种方法在很多情况下都能有效解决兼容性问题。

4. 虚拟机技术的应用

当以上两种方法都无法解决兼容性问题时，人们会考虑使用虚拟机技术。虚拟机技术允许我们在同一台物理计算机上同时运行多个操作系统，而且每个操作系统都是相互独立的。人们利用虚拟机软件创建了一个与旧系统环境完全相同的虚拟环境，然后在其中安装并运行旧软件。这种方法不仅完美解决了兼容性问题，还提供了一个灵活的测试环境，便于人们在不影响主系统的情况下对各种软件和配置进行测试和调整。

（三）成本控制

1. 优化设备选型和采购流程

设备选型是成本控制的首要环节。过于高端的设备往往会带来不必要的成本负担，而性能不足的设备又可能影响项目的质量和进度。在设备选型时，我们进行了深入的市场调研和技术分析，充分考虑了设备的性能、可靠性、使用寿命以及价格等多个因素。为了获得更具竞争力的价格和更优质的服务，需要与多家供应商建立了长期稳定的合作关系。通过与供应商的深入沟通和协商，我们不仅在设备采购上获得了更优惠的价格，还得到了更为周到的售后服务和技术支持。这种策略性的合作方式，不仅有助于降低初期投资成本，还为项目的长期稳定运行提供了有力保障。

2. 兼顾设备的兼容性和扩展性

在设备选型过程中，我们特别注重设备的兼容性和扩展性。兼容性好的设备能够与其他系统或设备无缝对接，减少因接口不匹配或协议不兼容而带来的额外成本。具备良好扩展性的设备可以根据项目需求进行灵活升级和扩展，从而避免因设备性能不足而需要更换整个系统的风险。为了实现这一目标，我们对市场上的各种设备进行了详细的比较和分析，最终选择了那些既符合当前项目需求，又具备良好兼容性和扩展性的设备。这种前瞻性的选择策略，不仅确保了项目的顺利进行，还为未来的系统升级和扩展预留了足够的空间。

3. 关注设备的能耗和环境影响

在追求成本控制的同时，我们也非常重视设备的能耗和环境影响。选择低能耗、低排放的设备，不仅可以降低项目的运行成本，还有助于提高企业的环保形象和社会责任感。为了实现这一目标，我们对各种设备的能耗指标进行了严格的筛选和比较。我们优先选择了那些采用先进节能技术和环保材料的设备，以确保项目在运行过程中能够最大限度地减少能源消耗和污染物排放。我们还与供应商共同探讨了节能减排的可行性方案。通过优化设备配置和运行模式，我们成功实现了在保证项目质量的前提下，进一步降低能耗和减少环境负担的目标。

4. 精细化管理以降低运营成本

通过精细化管理来进一步降低运营成本。我们建立了完善的设备维护和保养制度，定期对设备进行检查和调试，以确保其始终处于最佳工作状态。这种预防性维护策略不仅延长了设备的使用寿命，还减少了因设备故障而导致的停工损失。我们还加强了与供应商的沟通和协作，及时反馈设备在运行过程中出现的问题，与供应商共同寻找解决方案。这种紧密的合作关系不仅提高了问题的解决效率，还为我们带来了更多的技术支持和资源共享机会。

通过成本控制策略的实施，我们成功地实现了在保证项目质量的前提下有效降低成本的目标，不仅涉及设备选型、采购、兼容性和扩展性以及能耗和环境影响等多个方面，还融入了精细化管理的理念。未来，我们仍需密切关注市场动态和技术发展趋势，不断优化设备选型和采购流程，提高设备的兼容性和扩展性，继续深化成本控制策略的研究和实践，加大节能减排力度，推动项目向更加环保、高效的方向发展，为企业创造更大的经济价值和社会效益。

三、持续改进与优化

（一）性能优化

轮机工程的性能优化是一个持续不断的过程，它涉及技术升级和参数调整两大方面，这些优化措施旨在提高能效、响应速度以及整体的工作效率，从而确保轮机能够在各种工作环境下稳定、高效地运行。

1. 技术升级

技术升级可以提高轮机性能。随着科技的飞速发展，新型控制系统、传感器技术和材料科学的进步为轮机工程带来了前所未有的机遇。引入更先进的控制系统可以显著提高轮机的智能化水平。基于人工智能的算法能够实时分析轮机的工作状态，并根据实际情况进行智能调控。智能控制系统能够提高能效，减少能源浪费，还能在紧急情况下快速响应，确保轮机的安全运行。传感器技术的升级也至关重要。新型传感器具有更高的精度和稳定性，能够更准确地监测轮机的各项参数。通过这些传感器提供的数据，工程师可以更精确地调整轮机的运行参数，进一步优化性能。新材料和新技术的应用也能够实现技术升级，新材料具有更轻的重量、更好的耐高温和耐腐蚀性能，能有效提升轮机的工作效率和使用寿命，如3D打印技术等也为轮机部件的制造和维修带来了革命性的变化。

2. 参数调整

参数调整也可以提高轮机性能，依据实际运行数据对轮机的各项参数进行微调，可以使其达到最佳的燃烧效率和动力输出状态。燃料供给量、进气和排气时机的调整是关键，参数的合理设置能够确保轮机在各种负载下都能保持高效的燃烧状态，从而减少能源浪费和排放污染。优化控制逻辑能显著提高轮机的性能。例如，在低负载情况下自动降低功率输出，可以减少不必要的能耗；而在高负载情况下，通过优化控制策略来提高轮机的响应速度和动力输出。定期进行性能测试并根据测试结果调整相关参数也是至关重要的，测试可以及时发现轮机存在的问题并进行相应的调整，确保其始终保持在最佳工作状态。

（二）维护保养策略

机电一体化系统在日常运行中的维护保养工作确保系统的长期稳定运行并延长其使用寿命，需要制定科学合理的维护保养策略。日常检查是维护保养的基础工作，每天对系统的关键部件进行目视检查，可以及时发现并处理潜在的故障隐患。检查液位，如润滑油、冷却液等，可以确保这些关键液体的量在正常范围内，这对于保证轮机的正常运行至关重要，根据制造商的建议和系统使用情况制订定期维护计划，包括对传感器进行定期校准以确保其准确性；更换磨损的部件，如密封件、滤芯等可以防止故障发生；清理和检查系统的各个部分以确保其正常运行。

　　长期保养和周期性大修是维护保养策略中的重要环节，包括对系统进行全面的清洁以去除积累的灰尘和污垢；检查并紧固所有连接件和紧固件以防止松动或脱落；对电气连接进行检查和测试以确保良好的导电性。而周期性大修则涉及更深入的检查和维修工作，如更换主要部件、检查内部零件的磨损情况以及清理和维修控制系统等，确保机电一体化系统在长期使用过程中始终保持良好的工作状态。每次维护和修理后都要详细记录相关信息以便追踪系统的性能和潜在问题。同时利用数据分析工具来监测系统的运行状态并预测可能的故障点也是非常重要的。通过这些数据和分析结果，可以及时发现并解决问题，从而确保机电一体化系统的稳定运行并延长其使用寿命。

　　通过持续的改进与优化以及科学的维护保养策略，可以确保机电一体化系统长期稳定运行并降低运营成本。这些措施不仅提高了轮机工程的性能和使用寿命，还为企业带来了更高的经济效益和竞争力。

第6章　机电一体化设计与优化方法

机电一体化已成为轮机工程设计与优化的重要手段。随着计算机技术的不断进步，人们拥有了更为强大的工具和方法，来应对轮机工程中复杂多变的设计挑战。机电一体化设计不仅是一种技术革新，更是一种思维方式的转变，要求人们从整体、系统的角度去思考，将机械、电子、控制等多个领域的知识融为一体，以实现轮机性能的最优化。在本章中，我们将深入探讨机电一体化的设计理念与实践。介绍机电一体化设计的方法论与工具，阐述其核心理念和设计流程，探讨跨学科协作在设计中的重要性。计算机辅助设计软件、仿真与建模技术，以及虚拟现实与增强现实技术等先进工具的应用将使我们能够更加精准、高效地进行设计与验证。优化算法在轮机工程中作为一种强大的数学工具，能够在复杂的设计空间中寻找到最优解，从而提升轮机的整体性能。本章将通过具体的应用案例，展示优化算法在解决实际问题中的威力和效果。在机电一体化设计与优化实际操作中，可能会遇到各种挑战和困难，如设计参数的合理选择、优化目标的设定、算法收敛性的保证等，本章也将对这些问题进行深入探讨，并提出相应的解决策略与建议。通过本章的学习，希望读者能够对机电一体化设计与优化有一个全面而深入的了解，掌握相关的方法论与工具，并能够在实际工作中灵活运用。

机电一体化设计的方法论与工具

在轮机工程领域，机电一体化设计的理念驱动行业发展，传统的设计方法已无法满足现代轮机工程的复杂性和高效性要求，机电一体化设计方法论与先进设计工具的引入，提升了轮机设计质量和效率。本节重点探讨机电一体化设计的方法论，涉及设计流程的优化、跨学科知识的融合，还包括如何利用现代设计工具来实现创新设计，深入了解计算机辅助设计软件如何助力设计师在虚拟环境中进行精确的模型构建和分析，仿真与建模技术如何在实际制造前预测和评估设计的性能，以及虚拟现实和增强现实技术如何为设计者提供更为直观的设计预览和验证手段。

一、设计方法论概述

（一）机电一体化设计的核心理念

1. 多学科知识的综合运用

在机电一体化设计中，多学科知识的综合运用是至关重要的。传统的机械设计或电气设计往往是孤立的，但在现代产品设计中，这种孤立的设计方式已经无法满足复杂系统的需求。机电一体化设计打破了这种孤立性，它要求设计师不仅具备深厚的机械工程知识，还要对电气工程、电子工程有深入的把握。这种跨学科的知识融合使得设计师能够在设计过程中考虑产品的机械结构、电气布局和电子控制等多个方面，确保各个部分之间的协调和匹配。例如，在设计一条自动化生产线时，设计师需要同时考虑机械传动系统的稳定性和精度、电气控制系统的可靠性和响应速度，以及电子传感器的准确性和灵敏度。只有将这些因素综合考虑，才能设计出既高效又稳定的生产线。

2. 系统工程方法的运用

机电一体化设计还强调系统工程方法的运用。系统工程方法是一种全面的、跨学科的方法论，它要求设计师在设计过程中，始终从整体系统的角度出发，考虑各个部分之间的相互作用和影响。在机电一体化设计中，设计师需要运用系统工程的方法，对产品的机械、电气和电子部分进行综合设计，确保各个部分之间的协调和优化。通过系统工程方法，设计师可以在设计初期就预见到潜在的问题和冲突，从而在设计过程中及时地进行调整和优化。这种方法不仅可以提高产品的整体性能，还可以缩短产品开发周期，降低开发成本。

3. 产品整体性能的最优设计

机电一体化设计的最终目标是实现产品整体性能的最优设计。这包括产品的结构设计要合理、功能设计要完善，同时还要考虑产品的控制逻辑、传感器和执行器等电气电子部分的设计，需要在设计过程中进行多次的迭代和优化，确保产品的每个部分都能够达到最佳的性能状态。例如，在设计一款智能机器人时，设计师需要综合考虑机器人的机械结构、运动控制系统、传感器系统和电源管理系统等多个方面，通过不断地优化和调整，设计师可以确保机器人在运动性能、感知能力和续航能力等方面达到最优状态。机电一体化设计还强调产品的可靠性和耐用性，通过综合考虑机械、电气和电子等多个方面的因素，设计师可以设计出更加稳定、可靠的产品，从而提高用户的使用体验和满意度。

4. 面向全生命周期的设计理念以及创新与协同并重

机电一体化设计不仅关注产品的设计阶段，更将视野扩展到产品的整个生命周期。这意味着设计师在设计之初就需要考虑到产品的制造、运输、使用、维护和回收等各个环节。这种全生命周期的设计考虑有助于降低产品的环境影响，提高资源的利用效率，并为用户提供更好的服务。例如，在设计一款电动汽车时，设计师需要考虑到电池的续航里程、充电速度和使用寿命等问题。同时，他们还需要关注电池的生产、回收和再利用等环节，以确保产品的环保性和可持续性。通过全生命周期的设计考虑，机电一体化设计有助于推动产业的绿色发展和可持续发展。机电一体化设计鼓励设计师在遵循基本原理的同时，勇于尝试新的设计方法和理念，通过不断创新，设计师可以打破传统设计的束缚，为市场带来更多具有竞争力的新产品。同时，机电一体化设计还强调团队之间的协同合作。在跨学科的设计团队中，不同领域的专家可以共同参与到设计过程中来，为产品的优化和发展贡献力量。

（二）设计的方法论与流程步骤

1. 需求分析

需求分析是机电一体化设计的起点，也是整个设计过程中至关重要的一步。在这一阶段，设计团队需要深入了解用户需求和市场趋势，明确设计目标，以及产品应达到的性能指标。首先，设计团队要与用户进行充分的沟通，了解他们对产品的期望和需求，包括对产品的功能需求、性能需求、使用环境、安全要求等各个方面，通过与用户的交流，设计团队可以确保所设计的产品能够真正满足用户的实际需求。其次，设计团队还需要对市场进行调研，了解同类产品的性能、价格、市场占有率等信息。这有助于设计团队明确产品的市场定位，以及产品在市场上的竞争优势。最后，根据用户需求和市场调研结果，设计团队会给出一份详细的需求分析报告。这份报告将作为后续设计的指导文件，确保设计过程始终围绕用户需求进行。

2. 初步设计

设计团队在完成需求分析后将进入初步设计阶段，主要任务是根据需求分析结果，进行产品的初步设计，包括机械结构、电气布局、电子控制等方面的初步规划。在机械结构设计方面，设计团队需要考虑产品的整体结构、零部件的布局和连接方式等，确保产品的结构稳定、可靠，并满足用户的使用需求。在电气布局方面，设计团队需要规划产品的电气系统，包括电源、电路板、连接线等，确保电气系统的安全性和稳定性，以及便于后续的维护和升级。在电子控制方面，设计团队需要设计产品的控制系统，包括硬件和软件两部分，硬件部分需要考虑控制器的选型、传感器的配置等；软件部分则需要编写控制程序，实现产品的各项功能。初步设计阶段结束后，设计团队会给出一份初步设计方案，包括产品的整体设计图、零部件清单、电气布局图等，这份方案将成为后续详细设计的基础。

3. 详细设计

详细设计是在初步设计的基础上进行深入的设计和优化阶段。设计团队需要确定各个部件的详细参数和尺寸，以及电气和电子控制系统的具体实现方式。对于机械部件，设计团队会进行详细的尺寸计算和强度分析，以确保部件的承载能力和使用寿命，同时会考虑部件的加工工艺和装配方式，以提高产品的生产效率和质量。在电气和电子控制方面，设计团队会进行电路板的详细设计，包括电路原理图、PCB 布局等，编写和调试控制程序，确保产品的各项功能能够正常实现。详细设计阶段结束后，设计团队会给出一份详细的设计图纸和技术文件。这些文件将作为产品生产和检验的依据，确保产品的质量和性能符合要求。

4. 原型制作与测试

在完成详细设计后，设计团队会根据设计图纸和技术文件制作出产品原型。原型制作是验证设计方案的重要环节，可以帮助设计团队发现设计中存在的问题。制作完成后，设计团队会对原型进行严格的测试和验证。这包括功能测试、性能测试、环境适应性测试等，通过测试设计团队可以确保产品满足设计要求，并具备在实际使用环境中的稳定性和可靠性。如果在测试过程中发现问题或不足，设计团队会及时进行分析和改进。他们会根据测试结果对设计方案进行调整和优化，以提高产品的性能和可靠性。

5. 反馈改进与迭代优化

原型测试通过后，设计团队会将产品交付给用户进行实际使用。在使用过程中，设计团队会密切关注用户的反馈和意见，了解产品在实际使用中的表现和存在的问题。根据用户的反馈和测试结果，设计团队会对产品进行必要的改进和优化。这可能涉及机械结构的调整、电气布局的改进、控制程序的优化等方面。通过不断地改进和优化，设计团队可以确保产品更好地满足用户需求，并提高用户的满意度和忠诚度。设计团队还会将用户的反馈和改进意见整理成文档，作为宝贵的经验教训和知识储备，这些文档将为后续的产品设计和开发提供有力的支持和参考。机电一体化设计的流程是一个循环迭代的过程。从需求分析到反馈与改进，每一个步骤都紧密相连，共同构成了一个完整的设计周期。通过遵循这一流程，设计团队可以确保所设计的产品既符合用户需求，又具备高性能和可靠性，从而为企业创造更大的经济价值。

二、设计工具与技术

（一）计算机辅助设计软件

1. AutoCAD 在机电一体化设计中的应用

Autocad 软件以其强大的绘图和编辑功能，为机电一体化设计提供了坚实的基础。通过 AutoCAD，工程师们能够轻松地绘制出精确的机械零件图、电路图和布线图，图纸美观清晰且完全符合工程设计的标准和要求。在机械零件图的绘制中，AutoCAD 提供了丰富的绘图工具和修改命令，使得工程师们能够快速地绘制出各种复杂的机械零件，并对其进行精确的尺寸标注和公差配合，AutoCAD 还支持图层管理，使得图纸的编辑和修改变得更加灵活和高效。在电路图和布线图的绘制中，AutoCAD 同样展现出了其强大的功能，工程师们可以利用 AutoCAD 中的电气符号库和绘图工具，快速地绘制出电路图

和布线图，帮助工程师们清晰地了解电路的连接方式和布线的走向，为后续的施工和调试提供有力的支持。

2. AutoCAD 在施工图设计中的应用

AutoCAD 还支持工程项目的施工图设计，通过 AutoCAD 将设计方案轻松地转化为施工图纸，为施工提供详细的指导，在施工图纸的设计中，AutoCAD 提供了丰富的标注和注释工具，使得工程师们能够对图纸进行详细的说明和解释，标注和注释不仅包括尺寸、材质、施工方法等信息，还能够帮助施工人员更好地理解设计意图和施工要求，AutoCAD 还支持图纸的输出和打印功能，工程师可以根据需要选择不同的输出格式和打印设置，以确保施工图纸的清晰度和准确性。这些施工图纸不仅为施工提供了有力的指导，还能够作为工程验收和维修的重要依据。

3. AutoCAD 与其他软件的集成应用

AutoCAD 具有与其他软件集成的能力，这种跨学科的软件集成使得机电一体化设计更为流畅和高效。以机械设计为例，AutoCAD 可以与 Solidworks 等三维建模软件实现数据的互通。通过集成应用，工程师们可以在 AutoCAD 中完成二维图纸的绘制后，直接将其导入 Solidworks 等三维建模软件中进行三维建模和渲染。这种无缝的数据传递不仅避免了重复劳动和数据错误的可能性，还大大提高了设计的效率和准确性。集成应用为工程师们提供了更为丰富的设计手段和视觉效果，在三维建模软件中，工程师们可以对设计进行更为直观和逼真的模拟和分析，从而及时发现和解决潜在的问题和隐患。这种跨学科的软件集成不仅推动了机电一体化设计的创新和发展，还为工程师们带来了更为便捷和高效的设计体验。

4. Autocad 在机电一体化设计中的更新

随着科技的不断进步和计算机辅助设计软件的不断更新换代，AutoCAD 在机电一体化设计中的应用也即将迎来更为广阔的发展前景。未来，AutoCAD 有望进一步优化其绘图和编辑功能，提高设计的精度和效率。随着云计算、大数据和人工智能等技术不断发展，AutoCAD 还有望实现更为智能化的设计辅助功能，如自动优化设计方案、智能推荐设计参数等。这些智能化的功能将进一步提高设计的自动化水平，降低工程师们的工作负担，推动机电一体化设计的持续发展和创新。

（二）CAM 辅助设计软件

1. 软件在机电一体化设计中的作用

CAM，即计算机辅助制造软件，主要用于将 CAD（计算机辅助设计）软件创建的模型数据转换成机床或其他数字化制造设备能够理解和执行的加工指令。CAM 软件具备刀具路径规划、加工模拟和后置处理等功能，能确保加工过程的精确性和效率。CAM 软件能够根据 CAD 模型自动规划出最优的刀具路径。设计师只需设定好切削条件、刀具类型等参数，软件便能智能地生成加工轨迹，包括粗加工、半精加工和精加工等阶段。这大大降低了手工编程的复杂性和出错率，提高了加工效率和加工质量。

2. 加工模拟与碰撞检测

CAM 软件通常配备有加工模拟功能，能够在计算机上模拟整个加工过程。这有助于设计师在实际加工前发现并修正潜在的问题，如刀具与工件的干涉、过切等。此外，碰撞检测功能还能确保刀具路径的安全性，避免在实际加工中发生碰撞事故。CAM 软件的后置处理功能能够将刀具路径数据转换成特定数控机床能够识别的 G 代码或 M 代码。这一过程中，软件会根据机床的特性和加工要求进行相应的优化处理，确保加工指令的准确性和适用性。最终生成的加工指令将直接控制机床进行自动化加工。CAM 软件作为机电一体化设计中的重要工具，极大地提高了产品设计和制造的效率和精度，未来的 CAM 软件将更加智能化、集成化和网络化，为机电一体化设计带来更加便捷、高效的生产体验。

（三）仿真与建模技术在设计过程中的作用

1. 建模技术在设计过程中的基础作用

建模技术是机电一体化设计的基石，它通过将复杂的实际物体抽象为简洁明了的数学模型，使得工程师能够更深入地理解物体的工作原理和行为模式。这一过程的实现，依赖于建模技术对物体几何外形、材料特性以及力学特性等关键要素的精准量化和参数化。在建模过程中，工程师需要运用专业的知识和技能，将实际物体的各种属性转化为数学语言。例如，通过精确的测量和计算，确定物体的尺寸、形状和质量等几何特性；通过分析材料的化学成分、物理状态和力学性能，得到材料的弹性模量、泊松比和密度等关键参数；最后，运用数学方程和物理原理，如牛顿运动定律、能量守恒定律等，构建出一个能够准确描述物体行为的数学模型。数学模型能够帮助工程师更好地理解物体的内在规律和运动特性，可以作为后续仿真分析的基础，通过不断调整和优化模型参数，工程师可以逐步逼近实际物体的真实行为，从而为设计提供更为准确和可靠的依据。

2. 仿真技术在设计验证与优化中的作用

仿真技术作为建模的延伸，为工程师提供了一个在虚拟环境中模拟真实工作条件和情况的平台。通过这种模拟，工程师可以预测设计在不同条件下的性能表现，及时发现潜在的问题和隐患，从而在设计阶段就进行有效的优化和改进。以机械装置的运动仿真为例，工程师可以利用仿真软件模拟装置的实际运动过程，精确地测量位移、速度和加速度等关键参数。通过这些参数的实时反馈，工程师可以直观地了解装置的运动特性和动态响应，进而评估其整体性能是否满足设计要求。仿真技术还可以帮助工程师进行多方案比较和优选。通过设定不同的设计参数和条件，工程师可以在仿真环境中快速生成多个设计方案，并对其进行性能评估和对比分析。这种基于仿真的设计优化方法，不仅可以提高设计的效率和准确性，还有助于降低实际制造和测试过程中的风险和成本。

3. 建模与仿真技术在机电一体化设计中的综合应用

在机电一体化设计中，建模与仿真技术的综合应用可以极大地提升设计的全面性和前瞻性。通过建模，工程师可以构建出机电产品的整体模型，包括机械结构、电气系统、控制系统等各个部分。然后，利用仿真技术对模型进行全方位的测试和验证，确保设计的可行性和可靠性。例如，在设计一个新型的智能机器人时，工程师首先会利用建模技术构建出机器人的三维模型，并定义其各部分的材料和力学特性。接着，通过仿真技术对机器人的运动性能、控制精度、能耗等方面进行模拟和分析。如果发现任何问题或不足，工程师能够及时对设计进行调整和优化，从而确保最终的产品能够满足用户的需求和期望。建模与仿真技术还可以帮助工程师进行故障预测和容错设计。通过在仿真环境中模拟各种可能的故障情况，工程师可以了解系统在故障状态下的行为和响应，从而设计出更为稳健和可靠的容错方案。这种基于仿真的故障预测和容错设计方法，对于提高机电产品的安全性和可靠性具有重要意义。

4. 建模与仿真技术的创新

科技和计算机技术的飞速发展将推动建模与仿真技术在机电一体化设计中的应用创新，有望进一步提高模拟的精度和效率，实现更为复杂和真实的仿真场景。随着人工智能、大数据等技术的融入，建模与仿真技术有望实现更为智能化和自动化的设计辅助功能。建模与仿真技术的发展也面临着一些挑战。例如，如何确保模型的准确性和可靠性、如何提高仿真的实时性和交互性、如何降低仿真过程中的计算成本等问题都需要进一步研究和解决。此外，随着设计需求的不断变化和复杂性的增加，建模与仿真技术也需要不断创新和改进以适应新的设计需求。

（四）虚拟现实与增强现实技术

随着科技的飞速发展，虚拟现实（VR）技术和增强现实（AR）技术为机电一体化设计带来了前所未有的变革。这两种技术以其独特的交互性和沉浸感，极大地提升了设计预览与验证的效率性和准确性。

1. 虚拟现实（VR）技术

虚拟现实技术通过构建一个完全虚构的三维环境，使用户能够身临其境地感受设计的每一个细节。在机电一体化设计中，VR 技术的应用为工程师、客户或投资者提供了一个直观、全面的设计预览平台。在设计预览阶段，利用 VR 技术，设计师可以创建一个与设计方案一致的虚拟环境。用户通过佩戴 VR 头盔和手柄，可以自由地在这个虚拟空间中行走、观察和操作。这种沉浸式的体验方式让用户能够更直观地了解到设计的外观、布局和功能，从而更准确地判断设计是否符合预期需求。VR 技术还支持多人同时在线预览，不同部门的成员或客户可以同时在同一个虚拟环境中进行交流和讨论，及时发现并解决问题，大大提高了设计预览的效率性和协作性。

2. 增强现实（AR）技术

增强现实技术则将虚拟信息与真实世界巧妙地融合在一起，为用户提供了更为丰富的交互体验，在机电一体化设计中，AR 技术的应用为工程师提供了一个在实际环境中验证设计的有效工具。在设计验证阶段，工程师可以利用 AR 技术在实际工作环境中叠加虚拟设计元素。通过这种方式，工程师可以直观地看到设计在实际场景中的效果，包括尺寸、比例和布局等是否合适。这种直观的验证方式不仅提高了设计的准确性，还大大降低了后期修改和调整的费用。AR 技术还支持实时交互和修改。工程师可以在实际环境中直接对虚拟设计元素进行操作和调整，从而更快速地找到最佳的设计方案。这种即时的反馈机制大大提高了设计验证的效率性和灵活性。

3. VR 与 AR 技术的协同作用

VR 和 AR 技术在设计优化中发挥着重要的协同作用。通过 VR 技术的沉浸式预览，用户可以发现设计中的不足和问题；而 AR 技术则可以在实际环境中进行验证和调整，确保设计的可行性和实际效果。在机电一体化设计中，这种协同作用尤为重要。工程师可以利用VR技术进行初步的设计预览和评估，然后根据用户反馈和需求进行调整。接着，利用 AR 技术在实际环境中进行验证和优化，确保设计符合实际应用场景的要求。这种从虚拟到现实的协同设计模式，不仅提高了设计的准确性和效率，还降低了后期修改和调整的成本。

尽管虚拟现实和增强现实技术在设计预览与验证中展现出了巨大的潜力，但仍面临一些挑战。例如，技术的成熟度和稳定性、设备的舒适性和易用性，以及数据的安全性和隐私保护等问题都需要进一步关注和解决。随着应用场景的不断拓展，虚拟现实和增强现实技术在机电一体化设计中的应用将更加广泛和深入。

优化算法在轮机工程中的应用案例

在轮机工程设计中，优化算法的应用正引领行业向着更高效、更精准的方向发展。轮机作为复杂的工程系统，其性能优化是一个多维度的挑战，需要综合考虑多个设计参数和运行条件。优化算法，作为一种科学的数学工具，能够在复杂的系统中找到性能最佳的设计方案。本节将深入探讨优化算法在轮机工程中的实际应用案例，通过具体的案例分析，展示优化算法如何在实际工程中发挥作用，提升轮机的整体性能。这些案例不仅涉及算法的选择和应用，更重要的是展示了优化过程如何与轮机设计的实际需求相结合，从而实现设计目标的最大化。通过对这些应用案例的详细剖析，更深入地理解优化算法在轮机工程设计中的重要性，以及它为行业带来的革命性变化。

一、燃气轮机高压涡轮盘的设计优化案例

（一）问题的背景

燃气轮机作为一种高效、环保的动力设备，被广泛应用于电力、航空、航海等多个领域。而高压涡轮盘作为燃气轮机的核心部件之一，其性能的好坏直接影响到轮机的整体运行效果。因此，如何对高压涡轮盘进行设计优化，以提高其性能和使用寿命，就成为轮机工程领域的一个重要研究课题。

（二）问题的关键指标

在高压涡轮盘的设计中，重量和使用寿命是两个最为关键的指标。一方面，涡轮盘的重量直接影响到轮机的能耗和效率。过重的涡轮盘会增加轮机的运行负荷，导致能耗上升、效率下降；另一方面，使用寿命也是衡量涡轮盘性能的重要指标。如果涡轮盘的使用寿命过短，不仅会增加维修和更换的成本，还可能对轮机的安全运行构成威胁。这两个关键指标在一定程度上是相互矛盾的。减轻涡轮盘的重量往往会导致其结构强度下降，从而影响使用寿命；而延长使用寿命则可能需要增加材料的厚度和强度，从而增加涡轮盘的重量。因此，如何在保证涡轮盘性能的同时，实现重量和使用寿命的平衡，就成为这个问题的核心难点。

（三）优化设计思路

为了解决如何在保证涡轮盘性能的同时，实现重量和使用寿命的平衡这个问题，工程师们需要运用多目标优化的方法。多目标优化是一种能够同时考虑多个目标函数，并寻求它们之间平衡的优化方法。在这个问题中，工程师们可以将涡轮盘的重量和使用寿命作为两个目标函数，通过优化算法来寻找它们之间的最优解。这样不仅可以保证涡轮盘的性能，还能实现重量和使用寿命的平衡。这个问题还具有很高的挑战性。由于涡轮盘的工作环境极为恶劣，需要承受高温、高压等极端条件的考验。因此，在设计优化过程中，工程师们还需要充分考虑材料的耐热性、耐腐蚀性等性能指标，以确保涡轮盘能够在恶劣的环境下长期稳定运行。

二、优化算法在解决问题中的应用过程

（一）建立数学模型

在轮机工程优化设计的初步阶段，数学模型的建立是至关重要的。针对高压涡轮盘的设计优化，工程师们首先需要构建一个能够准确反映涡轮盘实际工作状态的数学模型。由于涡轮盘的结构和工作环境的复杂性，直接进行三维建模和计算会带来巨大的计算量。因此，为了简化问题并提高效率，工程师们通常会根据涡轮盘的轴对称特性，建立一个简化的轴对称 2D 模型。这个 2D 模型能够模拟涡轮盘在多重热和机械载荷作用下的响应，包括温度分布、应力分布等关键参数。通过数学模型，工程师们可以对涡轮盘的性能进行初步评估，并为后续的优化设计提供基础。

（二）设定明确的优化目标

在优化设计过程中，明确优化目标是至关重要的。针对燃气轮机高压涡轮盘的设计优化，工程师们的主要指标是在保证涡轮盘性能的前提下，降低重量并延长使用寿命。这两个目标在实际操作中往往存在一定的矛盾性，因为重量的减轻可能会导致结构强度的降低，从而影响使用寿命。因此，工程师们需要在这两个指标之间找到一个平衡点。为了实现这一平衡，工程师们可以为每个目标设定一个权重系数，以反映其在优化设计中的重要性。通过调整这些权重系数，工程师们可以灵活地调整优化策略，以满足不同应用场景的需求。

（三）进行敏感度分析

在确定了优化目标之后，工程师们需要进行敏感度分析，以确定哪些设计参数对优化目标的影响最大。敏感度分析可以帮助我们缩小优化算法的搜索范围，提高优化效率。针对高压涡轮盘的设计，工程师们可能关注的设计参数包括涡轮盘的厚度、材料属性、冷却结构等。通过敏感度分析，工程师们可以确定哪些参数对涡轮盘的重量和使用寿命影响最为显著，从而将这些参数作为优化设计的重点。

（四）选择合适的优化算法并应用

在完成前期准备工作之后，工程师们需要选择合适的优化算法来求解这

个多目标优化问题。常用的优化算法包括遗传算法、梯度下降算法、粒子群优化算法等。这些算法各有优缺点，工程师们需要根据问题的具体特点和需求来选择合适的算法。以遗传算法为例，它是一种模拟自然选择和遗传学原理的优化算法。在遗传算法中，每个可能的解决方案都被编码为一个"染色体"，并通过选择、交叉和变异等操作来逐步逼近最优解。工程师们可以将涡轮盘的设计参数编码为染色体上的基因，并通过适应度函数来评估每个解决方案的优劣。适应度函数可以根据工程师们的优化目标来定义，例如可以将涡轮盘的重量和使用寿命的加权和作为适应度函数的值。

在应用遗传算法进行优化设计时，工程师们需要设置合适的算法参数，如种群大小、交叉率、变异率等。这些参数的设置会直接影响到算法的性能和求解效率。通过多次尝试和调整，工程师们可以找到一组合适的参数设置，使得算法能够在可接受的时间内找到满意的最优解。

（五）迭代优化与结果验证

在应用优化算法进行求解之后，工程师们通常会得到一个或多个候选的最优解决方案。然而，这些解决方案可能只是数学模型下的理论最优解，并不一定能够完全满足实际应用的需求。需要对这些解决方案进行进一步的验证和优化，常见的方法是使用更高精度的数值模拟方法（如三维有限元分析）来验证候选解决方案的实际性能。通过数值模拟，可以更准确地评估涡轮盘在复杂工作环境下的性能表现，包括温度分布、应力分布、疲劳寿命等关键指标。如果发现候选解决方案在实际应用中存在问题或不足，工程师们要回到优化算法中进行调整和改进。工程师们还可以考虑进行物理实验来验证候选解决方案的可行性。通过制作实验样件并进行实际测试，工程师们可以更直观地了解涡轮盘的性能表现和使用寿命。物理实验的结果可以为我们的优化设计提供宝贵的反馈和指导意见。在轮机工程中应用优化算法解决高压涡轮盘设计优化问题是一个复杂且富有挑战性的任务。通过建立数学模型、设定明确的优化目标、进行敏感度分析、选择合适的优化算法以及进行迭代优化与结果验证等步骤，工程师们可以逐步逼近最优解并满足实际应用的需求。

三、优化效果及其对轮机性能的影响

（一）重量减轻及其影响

优化算法的应用使得涡轮盘的重量得到了明显的减轻，这是在保证结构强度和性能的前提下，通过科学的计算和精确的设计来实现材料削减。重量的减轻带来了多方面的积极影响，轻量化的涡轮盘有助于降低轮机的整体重量。在轮机运行中，重量的减少意味着更少的能源消耗和更高的运行效率，有助于提升轮机的能源效率，也符合当前节能减排的环保理念。重量的减轻还带来了制造成本的降低，更少的材料使用意味着在生产过程中可以节省大量的原材料成本。同时，轻量化的设计也可能简化生产工艺，进一步降低制造成本。

（二）使用寿命延长及其意义

涡轮盘的应力集中现象通过优化算法找到的设计方案，得到了有效的缓解，直接延长了涡轮盘的使用寿命。更长的使用寿命意味着更少的维修和更换频率，降低了维护成本，也减少了因维修或更换而带来的停机时间，从而提高了轮机的整体运行效率。使用寿命的延长还提升了轮机的整体可靠性和安全性。涡轮盘作为轮机的关键部件，其性能的稳定性直接关系到整个轮机的安全运行。优化后的涡轮盘具有更高的耐久性，为轮机的长期稳定运行提供了有力保障。

（三）性能提升及其表现

优化后的涡轮盘在设计上更加合理，能够更好地适应复杂多变的工作环境，这直接提高了轮机的整体性能。在热效率方面，优化后的涡轮盘能够更有效地利用热能，减少能量损失，提高了轮机的输出功率，也降低了燃料消耗和排放水平，使得轮机在环保和能效方面达到了更高的标准。在机械性能方面，优化后的涡轮盘具有更好的结构强度和稳定性，使轮机在高速运转和重载条件下仍能保持良好的性能表现，减少了因部件疲劳或损坏而引发的故障风险。优化后的涡轮盘还可能带来其他附加性能的提升。例如，通过改善冷却结构或采用新型材料等技术手段，可以进一步提高涡轮盘的耐高温性能和抗腐蚀能力，从而确保轮机在极端环境下的稳定运行。

（四）案例意义的总结

优化算法在燃气轮机高压涡轮盘设计优化中的应用取得了显著的成效，通过减轻重量、延长使用寿命和提升性能等多方面的改进，轮机的整体性能和运行效率得到了大幅提升，为轮机制造商和用户带来了实实在在的经济效益和环保效益，也为轮机技术的持续发展和创新奠定了坚实基础。随着优化算法的不断进步和计算能力的持续提升，人们有理由相信，燃气轮机高压涡轮盘的设计优化将取得更加卓越的成果。随着新材料、新工艺等先进技术的不断涌现和应用，轮机性能还将迎来更多的突破和创新。人们期待着这些先进技术能够在轮机领域发挥更大的作用，为人类社会的可持续发展贡献更多的力量。

第7章　机电一体化与环境的和谐共生

　　机电一体化，即通过电子技术、计算机技术、自动控制技术等的高度集成，赋予了轮机工程全新的生命力。这种技术的融合使得轮机设备在智能化、自动化方面取得了质的飞跃，大大提高了工作效率和安全性能。然而，机电一体化推动了工业生产力的显著提升，也加剧了资源消耗和环境污染的问题。机电一体化技术的广泛应用往往伴随着能源的大量消耗，轮机设备在运行过程中，不仅需要大量的化石燃料来提供动力，其电子控制系统和自动化设备也需要稳定的电力供应。这种能源消耗模式的转变，虽然在一定程度上提高了生产效率，但同时也加剧了碳排放和全球气候变化的问题。机电一体化技术的快速发展也带来了废弃物处理和资源回收的新挑战。随着轮机设备更新换代速度的加快，大量的废旧设备和电子废弃物需要得到妥善处理，这些废弃物中往往包含有害物质，如果处理不当，将对环境和人类健康构成严重威胁。正是在这样的背景下，环境与可持续性的考量显得尤为重要，人们需要在技术进步与环境保护之间找到平衡点，确保机电一体化技术的发展不仅能够推动轮机工程的创新，还要符合可持续发展的原则。这要求人们不仅要关注技术的经济效益，更要重视其环境效益和社会效益。本章将从多个角度深入剖析机电一体化技术对环境的影响，并在此基础上探讨其可持续性。我们将通过分析能源消耗、碳排放、废弃物处理等方面的问题，提出相应的解决策略和建议，也将介绍一些环保理念在轮机工程中的成功实践案例，以期为未来轮机工程的发展提供有益的参考。我们的最终目标是构建一个既高效又环保的轮机工程体系，让机电一体化技术在推动工业发展的同时，也能为我们的子孙后代留下一个清洁、美丽的地球家园。

机电一体化的环境影响评估与可持续发展策略

在这一节中，我们将深入探讨机电一体化技术的直接影响，包括它如何改变轮机工程的运行方式，以及这种改变可能引发的环境问题，如噪声、振动和热污染等。还有，它影响轮机设备的周边环境，对操作人员的健康和安全构成潜在威胁。分析机电一体化技术的间接环境影响，探讨它如何通过改变轮机工程的操作模式和效率，对环境产生更深远的影响。这些分析将有助于人们更全面地理解机电一体化技术的环境效应，为后续的可持续性评估提供坚实的理论基础。通过本节的探讨，我们期望能够引起业界对机电一体化技术对环境影响的重视，并激发人们产生更多关于如何在技术发展与环境保护之间找到平衡点的思考。

一、机电一体化技术对环境的影响

（一）机电一体化的环保优势

1. 提高运行效率减少能源浪费

传统的轮机操作往往依赖于操作员的经验和直觉，而机电一体化技术则通过精确的计算机控制系统，对轮机的运行状态进行实时监控和调整，这种精确的控制确保了轮机能够在最优的工况下运行，避免了能源的浪费。例如，在轮机负载较轻时，控制系统可以自动降低燃料的供给量，从而在保证轮机正常运行的同时，减少不必要的能源消耗。机电一体化技术还通过优化轮机的运行策略，进一步提高了能效。通过实时监测轮机的工作状态和外部环境条件，控制系统可以动态地调整轮机的运行参数，如燃料供给量、进气量、冷却水量等，以达到最佳的运行效率。这种智能化的运行策略不仅减少了能源的消耗，还延长了轮机的使用寿命，降低了维护成本。

2. 控制燃料最佳燃烧减少废弃物产生

机电一体化技术对于减少轮机有害物质的排放也起到了积极的作用。智能化的控制系统可以更精确地控制燃料的燃烧过程，确保燃料在最佳的空气与燃料比例下燃烧，从而减少了未完全燃烧的燃料和有害气体的产生。特别是针对二氧化碳、氮氧化物等温室气体和污染物的排放，机电一体化技术通过优化燃烧过程和排放控制策略，显著降低了这些有害物质的排放量。机电一体化技术还可以配合先进的排放处理系统，如催化转化器和颗粒捕集器等，进一步减少有害物质的排放。这些排放处理系统能够在有害物质排放前对有害气体和颗粒物进行有效的净化和处理，确保轮机的排放达到环保标准。

机电一体化技术的引入，使得传统的生产流程得到了显著优化。在传统的生产模式中，由于设备和技术限制，生产流程往往较为烦琐，不仅效率低下，而且在生产过程中会产生大量的废弃物。这些废弃物不仅占用了宝贵的土地资源，还可能对环境和人类健康造成潜在威胁。智能化的生产设备和系统使得生产流程更加紧凑和高效。生产过程中的各个环节得到了精确控制，从而大大减少了浪费和废弃物产生。例如，在现代化的生产线中，通过精确的数据监测和控制，可以实时调整生产参数，确保产品质量的同时，最大限度地减少原材料和能源的消耗，推动了循环经济和废弃物再利用的理念在生产中的应用，通过优化生产流程，实现废弃物的减量化、资源化和无害化处理，从而降低生产活动对环境的影响。这种优化不仅提高了生产效率，更为企业节约了成本，实现了经济效益和环境效益的双赢。

3. 实时监测调整能源使用减少能耗

机电一体化技术减少资源使用总量。在传统的轮机操作中，由于缺乏精确的控制和监测手段，往往会造成资源的浪费。而机电一体化技术通过实时监测和调整轮机的运行状态，确保了资源在最佳状态下被利用。例如，通过精确的计算机控制系统，可以实时监测轮机的冷却水温度、压力、流量等参数，并根据这些参数动态调整冷却系统的运行状态。这不仅可以保证轮机的正常运行，还可以避免冷却水的浪费，对于燃料、润滑油等资源的利用也可以通过机电一体化技术进行精确控制和管理。

4. 远程监控船舶避免故障污染环境

机电一体化技术实现了轮机的远程监控与诊断，操作人员可以在任何时间、任何地点对轮机的运行状态进行实时监控。一旦发现问题或异常情况，系统可以立即发出警报并提示操作人员进行相应的处理，即时反馈机制提高了问题的处理效率，避免了因延误处理而导致的资源浪费和环境污染。

（二）机电一体化产生的环境问题表现

1. 噪声污染

机电一体化技术通过优化轮机的运行，提高了整体效率和性能。然而，这种技术所引入的高精度机械设备和先进控制系统，在运行过程中可能会产生高频噪声。这种噪声不仅会对周边环境造成干扰，还可能对附近居民的生活质量产生负面影响。噪声污染是一个复杂的问题，其来源多种多样。在轮机工程中，噪声可能来自高速旋转的机械部件、气动噪声，以及控制系统中的电子设备等。这些噪声源在机电一体化技术的应用下可能变得更为显著，因为高精度设备的运行往往伴随着更高的噪声水平。

为了减轻噪声污染，可以采取一系列措施。可以对轮机设备进行隔音处理，如在设备周围安装隔音材料，以减少噪声的传播，通过优化设备的设计和制造工艺，降低机械部件之间的摩擦和冲击，从而减少噪声的产生。此外，还可以考虑在设备运行时采取降噪措施，如使用消声器等。噪声污染对周边环境和居民生活的影响不容忽视。长期暴露在噪声环境中可能导致人们的听力受损、心理压力增加，甚至影响睡眠质量。因此，在推广机电一体化技术的同时，必须充分考虑噪声污染问题，并采取有效措施加以解决。

2. 振动问题

轮机在运行时产生振动，这些振动可能通过地基传播到周围建筑物和居民区，对人们的日常生活和工作造成干扰。虽然机电一体化技术在一定程度上可以减少这种振动，但在某些情况下可能无法完全消除。振动问题的产生与轮机的运行方式和机械结构密切相关。机电一体化技术的应用使得轮机设备的运行更加精确和高效，但同时也可能增加了设备的振动频率和幅度。特别是当轮机设备安装在不够稳固的基础上时，振动问题可能更为严重。

解决振动问题采取的多种措施包括，确保轮机设备安装在坚固稳定的基础上，以减少振动的传播；通过优化轮机的机械结构和运行参数，降低振动的产生；使用减震器和隔振装置等专门设备来减少振动对周围环境的影响。振动问题不仅会影响周围建筑物和居民的生活，还可能对轮机设备本身造成损害。长期的振动可能导致设备松动、磨损甚至断裂，从而降低设备的使用寿命和安全性。因此，在机电一体化技术的应用过程中，必须高度重视振动问题，并采取有效措施进行控制和治理。

3. 热污染

轮机运行过程中产生的热量如果未经妥善处理直接排放到环境中，会引起局部环境温度升高，对水生生态和周围环境造成热污染。这种热污染不仅会影响水生生物的生存和繁殖，还可能对周边植被的生长和人类的生活带来不利影响。机电一体化技术的应用使得轮机设备的运行更加高效和稳定，但同时也可能增加热量的产生。特别是在高温环境下或设备长时间连续运行时，热量排放问题可能更为突出。为了减少热污染的影响，应优化轮机设备的冷却系统，确保热量能够及时有效地散发出去。在设备周围设置适当的通风和散热设施，以降低环境温度。考虑使用新型材料和工艺来减少设备运行时的热量产生。热污染对水生生态和周围环境的影响不容忽视，高温环境可能导致水生生物死亡、水质恶化以及植被枯萎等问题。因此，在机电一体化技术的应用过程中，必须充分考虑热污染问题，并采取有效措施进行预防和治理。同时，还应加强相关法规和标准的制定与执行，以确保轮机工程的可持续发展和环境保护的协调与平衡。

二、机电一体化技术的碳排放影响

（一）机电一体化在减少能耗与排放方面的优势

1. 改变能源消耗模式

必然会产生制造业能源消耗，而传统的能源消耗模式往往依赖于化石燃料，这不仅加剧了能源资源的消耗，还导致了大量的温室气体排放，加剧了全球气候变化。机电一体化技术转变了轮机的能源消耗模式，推动了能源利用的高效化。通过智能化的能源管理系统，企业可以实时监测和控制能源消耗，确保对能源的高效利用。能效的提升不仅意味着能源成本的节约，更代表着对环境资源更有效地利用。新型的高效节能设备也不断涌现，这些设备在降低能源消耗的同时减少了温室气体的排放。在全球能源资源日益紧张的背景下，机电一体化技术为轮机能效的提升开辟了新的途径，具有重要的现实意义和长远的战略价值。

2. 改变运行模式

智能化控制系统的运用，降低了轮机的能源消耗，直接带来了碳排放的显著减少。在传统的轮机运行中，由于技术限制和管理不善，常导致能源浪费和过高的碳排放。机电一体化技术的出现，使得轮机能够运行在最佳能效状态中，大幅度减少了不必要的碳排放。通过智能化的控制系统，轮机现在可以根据实际情况调整其运行模式和功率输出。例如，在负载较轻时，控制系统可以自动降低轮机的功率输出，以节约能源；而在负载较重时，则能迅速提升功率以满足需求。这种智能调整不仅提高了轮机的运行效率，更实现了能源的最优使用。机电一体化技术还通过优化轮机的启动、停止和过渡过程，进一步减少了能源消耗。例如，通过精确控制启动过程中的加速度和减速度，可以避免不必要的能源浪费和机械磨损。这些细致入微的优化措施为轮机的高效、稳定运行提供了有力保障。优化运行策略通过提高轮机的运行效率降低了单位产出的能源消耗和排放，减少了不必要的资源浪费和环境污染，为轮机工程的可持续发展奠定了基础。

在智能化系统的辅助下，通过数据分析为操作者提供科学的决策支持，操作员不再需要频繁地手动调整轮机参数，降低了因人为操作失误而导致的资源浪费和环境污染风险，提高了轮机工程的整体效率和安全性，还为环境保护作出了积极贡献。例如，系统可以根据轮机的实时运行状态和外部环境因素，自动调整能源供应，以达到能效最大化，避免了不必要的能源浪费，使得轮机的整体能源消耗显著降低。在传统的轮机操作中，人为因素起着主导作用，操作员的技能水平、经验以及即时判断，影响轮机的运行效率和安全性。人为操作不可避免地存在误差和不确定性，将导致资源的浪费，甚至可能引发环境污染。

3. 利用清洁能源

机电一体化技术促进可再生能源的应用，越来越多的企业开始尝试利用太阳能、风能等清洁能源来替代传统的化石燃料。这种能源消耗模式的转变，不仅有助于减少温室气体排放，还为企业带来了可持续的竞争优势。例如，通过智能化的能源管理系统，轮机可以实现对太阳能、风能等可再生能源的高效利用。机电一体化技术还推动了轮机与储能设备的深度融合，使得轮机在绿色能源供应不足时仍能保持稳定运行。绿色能源的应用不仅降低了轮机对传统化石燃料的依赖，更减少了碳排放，对环境产生了积极的影响。在全球应对气候变化、推动绿色发展的背景下，机电一体化技术为轮机领域的绿色转型提供了有力的技术支撑。

（二）低碳排放的影响

1. 推动低碳经济发展

机电一体化技术的广泛应用降低了碳排放，推动了整个制造业向低碳、环保的方向转型。在全球应对气候变化、推动绿色发展的背景下，这种转型显得尤为重要。随着机电一体化技术的不断推广，越来越多的企业开始意识到低碳生产的重要性。它们纷纷采用先进的机电一体化设备，优化生产流程，降低能源消耗和碳排放。这种转型不仅有助于企业降低生产成本、提高竞争力，还促进了全球低碳经济的发展。低碳经济的发展对于减缓气候变化的速度具有重要意义。通过减少碳排放、提高能效等手段，人们可以有效地降低温室气体的浓度，从而减缓全球气温上升的速度。这种变化不仅有利于生态环境的保护，还为人类的可持续发展提供了有力保障。低碳经济的发展也带来了新的商业机会和就业岗位。随着机电一体化技术的普及和应用，相关产业链也得到了快速发展。这不仅推动了经济的增长，还为社会创造了更多的就业机会。

2. 影响全球气候的长期变化

虽然机电一体化技术在短期内可能无法彻底扭转全球气候变化的趋势，但其长期影响是积极的、深远的。通过持续的技术创新和应用推广，人们可以期待机电一体化技术在未来实现更大幅度的碳减排目标；机电一体化设备的能效将进一步提高，能够实现更低的能源消耗和更高的运行效率，直接带来碳排放的进一步减少和对环境更小的影响。机电一体化技术还将推动更多行业走向低碳化、绿色化的发展路径，这种跨行业的示范效应将促使更多企业加入低碳转型的行列中来，共同推动全球气候变化的应对工作。机电一体化技术并不是解决全球气候变化的唯一途径。但它作为一种重要的技术手段和推动力量，在应对气候变化、推动绿色发展方面发挥着不可替代的作用。通过与其他技术手段和政策措施相结合，人们有望实现全球气候变化的长期应对目标。

三、环境可持续性评估

（一）环境可持续性评估的必要性

1. 环境保护需求

随着全球气候变化的加剧和环境问题的日益突出，环境保护已经成为全球共同关注的议题。减少污染、节约资源、保护生态环境已经成为社会的共识。机电一体化技术，作为现代工业的重要支撑，其环境可持续性对于整个工业领域的环保水平有着直接影响。在传统的工业生产过程中，能源消耗大、污染物排放多是一个普遍存在的问题。机电一体化技术的应用，虽然在一定程度上提高了生产效率，但也可能带来新的环境问题。评估机电一体化技术的环境可持续性，对于确保其在提高生产效率的同时不损害环境利益具有重要意义。通过评估机电一体化技术的环境可持续性，人们可以更好地了解其在整个生命周期中对环境的影响，从而有针对性地采取措施进行改进和优化。这不仅有助于减少工业生产对环境的负面影响，还有助于推动工业领域向更加绿色、环保的方向发展。

2. 技术发展趋势

机电一体化技术正朝着更智能、更高效、更环保的方向发展。在这一背景下，评估其环境可持续性显得尤为重要。通过评估，人们可以更好地了解技术的环保性能，发现存在的问题和不足，从而引导技术创新，推动绿色、低碳技术的研发与应用。评估机电一体化技术的环境可持续性可以为技术的研发提供明确的方向和目标。研发人员可以根据评估结果，针对存在的问题进行改进和优化，从而提高技术的环保性能。同时，这也有助于推动机电一体化技术与环保理念的深度融合，促进技术的绿色化转型。

3. 市场需求变化

消费者的环保意识在不断增强，市场对绿色、环保产品的需求也在不断增加。对于机电一体化产品而言，其环保性能已经成为消费者选择产品的重要因素之一。因此，评估机电一体化技术的环境可持续性，有助于满足市场对绿色产品的需求，提升企业的竞争力。通过评估机电一体化技术的环境可持续性，企业可以及时了解其产品的环保性能是否满足市场需求，企业也可以根据评估结果，对产品进行改进和优化，以满足消费者对绿色产品的期望。这不仅有助于企业在激烈的市场竞争中脱颖而出，还有助于推动整个行业的绿色发展。

4. 政策法规要求

随着全球环保意识的增强，各国政府都在加大对环保的监管力度。对于机电一体化技术而言，评估其环境可持续性也有助于企业遵守相关法规，避免因环保问题而面临的法律风险。通过评估机电一体化技术的环境可持续性，企业可以确保其产品的生产和使用过程符合相关环保法规的要求。这不仅可以避免因违规而受到的处罚，还有助于提升企业的社会形象和声誉，有助于推动整个行业向更加规范、环保的方向发展。

（二）可持续性评估的方法和指标体系

1. 生命周期评价（LCA）

生命周期评价是一种全面评估产品或服务从原材料提取、生产加工、运输、销售、使用、再利用到最终处置的整个过程对环境影响的方法。在机电一体化技术的评估中，LCA 可以帮助我们了解技术在整个生命周期中的资源消耗、能源使用以及环境排放情况。例如，对于一款机电一体化设备，我们可以使用 LCA 来评估其从生产到废弃的整个过程中对环境的影响，包括原材料开采、加工制造、运输、使用阶段的能耗和排放，以及设备报废后的回收或处理情况。

2. 环境影响评价（EIA）

环境影响评价主要关注项目或技术对环境的潜在影响，包括自然、社会和经济方面。在机电一体化技术的背景下，EIA 可以帮助人们预测和评估技术实施后可能对环境产生的直接和间接影响。以一家采用机电一体化技术的制造工厂为例，EIA 将评估工厂建设和运营过程中可能对环境造成的影响，如噪声、空气质量、水质、土壤污染等，并提出相应的预防和缓解措施。

3. 社会影响评价（SIA）

社会影响评价关注项目或技术对社会结构、人口、文化、健康和安全等方面的影响。在机电一体化技术的推广和应用过程中，SIA 能帮助人们理解和预测技术可能带来的社会变革和挑战。例如，机电一体化技术的广泛应用可能会导致某些传统岗位的消失，但同时也会创造新的就业机会。SIA 将评估这些变化对社会经济结构和就业市场的影响，并提出应对策略。

4. 机电一体化技术的可持续性评估指标

资源消耗指标，主要衡量机电一体化技术在生产过程中对原材料、能源和水等资源的消耗情况，具体可以细化为单位产品原材料消耗量、单位产品能源消耗量和单位产品水消耗量等，通过这些指标可以直观地了解技术的资源利用效率，并找出可能的改进点。环境排放指标用于评估机电一体化技术在使用过程中产生的废气、废水、固体废弃物等污染物的排放情况，包括各种污染物的排放量、排放浓度以及排放达标率等，有助于了解技术对环境的直接影响，并为减排措施提供依据。能效指标主要反映机电一体化技术的能源利用效率，包括单位产品能耗、能源回收利用率以及能源利用效率提升率等，可以评估技术在节能方面的性能，并推动能效的进一步提升。生态效率指标综合考虑了技术的经济价值和环境影响，衡量技术创造的经济价值与其造成的环境影响之间的比例关系，通过计算单位环境影响的经济价值或单位经济价值的环境影响来得出这一指标，有助于平衡经济效益和技术对环境的负面影响。

（三）评估方法和指标的应用

1. 技术研发阶段

在机电一体化技术的研发阶段，可持续性评估方法和指标体系的目标是确保技术或产品从设计之初就具备环保、节能等特性，为后续的生产、使用和废弃处理打下良好的基础。可以利用生命周期评价（LCA）方法，对技术或产品的整个生命周期进行环境影响评估，在设计阶段就发现并解决潜在的环境问题，确保技术或产品的环保性能，结合资源消耗指标、环境排放指标等，为技术或产品设定明确的环保标准。充分利用环境影响评价（EIA）的结果，对可能产生的环境影响进行预测和评估，在设计阶段就采取相应的预防措施，降低技术或产品在使用过程中对环境的影响。社会影响评价（SIA）通过评估技术或产品可能带来的社会变革和挑战，在设计阶段就考虑到相关利益方的需求和期望，确保技术或产品的社会可接受性。

2. 生产制造阶段

在机电一体化技术的生产制造阶段，通过优化生产工艺、提高资源利用效率、减少废弃物产生等方式降低生产过程中的环境影响，可以利用可持续性评估指标监控生产过程中的环境绩效。对生产工艺进行优化，选择更环保的原材料和辅助材料，减少生产过程中的污染物排放，通过改进设备、提高生产效率等方式降低资源消耗和废弃物产生。建立完善的环境管理体系，确保生产过程中的各项环境指标得到有效监控。例如，定期检测废气、废水、固体废弃物的排放情况，确保达到国家相关标准，通过对资源消耗指标的实时监控，及时发现问题并采取相应的改进措施。通过引入清洁生产技术，实现生产过程的绿色化，提高资源利用效率，减少废弃物和污染物的产生，达到降低环境影响的目的。

3. 产品使用阶段

在机电一体化技术的产品使用阶段，鼓励用户合理使用机电一体化产品并提供节能、环保的使用建议，积极收集用户使用反馈，不断优化产品性能，提高其环境可持续性。通过产品说明书、用户手册等文件向用户传递节能、环保的使用理念和方法。例如，对于某些高能耗的机电一体化设备，工程师们可以建议用户在非高峰时段使用，以降低电网负荷和能源消耗。建立用户反馈机制，分析和处理用户对产品的意见和建议，发现产品在使用过程中存在的问题和不足，并采取相应的改进措施，提高产品的环保性能，增强用户的满意度和忠诚度。通过定期举办培训活动、发布科普文章等方式，提高用户对机电一体化技术环保性能的认识和理解，培养用户的环保意识，推动整个社会形成绿色消费的良好氛围。

4. 废弃处理阶段

建立完善的回收体系，确保机电一体化产品达到使用寿命后，产品能够得到合理处理。通过再制造、再利用等方式，延长产品的生命周期，减少资源浪费。与专业的回收机构合作，建立覆盖全国的回收网络，通过回收废旧产品并进行拆解、分类等处理，实现资源的有效回收和利用，对某些具有再制造价值的产品部件进行再制造处理，使其重新焕发生命力。

环保理念在轮机工程中的实践应用

本节将深入探讨环保理念如何在轮机工程中得到实践应用，以及这些实践对于提升轮机工程整体环境可持续性的作用。本文将从多个角度展开探讨，包括绿色技术的开发与应用、环保法规与政策的影响，以及环保材料和循环利用策略在轮机工程中的实际运用等。通过这些探讨揭示出环保理念与轮机工程实践的紧密结合，通过分享成功的环保实践案例，为业界提供可借鉴的经验，共同推动轮机工程向更加绿色、可持续的方向发展。

一、环保理念与轮机工程的融合

（一）轮机工程设计阶段

1. 环保设计材料的选择

在轮机工程设计之初，可再生材料的使用。选择可再生材料是环保设计的关键一步。例如，使用可再生的生物基塑料来替代传统的石油基塑料。生物基塑料来源于可再生资源，如农作物废弃物或植物油脂，其生产过程中的碳排放量远低于石油基塑料。生物基塑料在使用寿命结束后可自然降解，对环境的影响极小。

除了可再生材料外，可降解材料也是环保设计的重要选择。例如，竹纤维复合材料就是一种新型的可降解材料。它利用竹纤维的天然强度和可降解性，替代了部分传统金属和非金属部件。这种材料不仅环保，还能有效降低轮机工程的重量，提高能源利用效率。

2. 润滑油和燃料选择

轮机动力系统环保设计中的润滑油和燃料选择是促进节能和减少环境污染的重要考虑因素。在润滑油选择方面，环保设计倾向于选择低黏度合成润滑油，因其具有更好的润滑性能、更低的摩擦损耗和更好的热稳定性，可降低能耗、延长机械寿命和减少污染物排放。此外，选择具有良好清洁分散能力和低挥发性的润滑油，能控制积碳和沉积物的生成，减少机械故障和污染物的排放。在燃料选择方面，环保设计推崇低硫燃料，如低硫柴油或液化天然气（LNG），以降低硫氧化物（SO_x）的排放，防治酸雨和大气污染。同时，选择低挥发性和含硫量低的燃料，可降低氮氧化物（NO_x）和颗粒物（PM）的排放，保护空气质量和减少健康风险。综上所述，轮机动力系统环保设计中的润滑油和燃料选择有助于提高能源利用效率、降低污染物排放，并为清洁和可持续发展作出贡献。

3. 节能减排环保理念设计

通过优化结构设计、提高设备效率以及采用智能控制系统等手段，可以有效降低能源消耗和减少对环境的影响。结构优化，即通过精确计算和模拟分析，优化轮机的结构设计，减少不必要的材料使用和能源消耗。采用高效节能的发动机和传动装置，如新型节能发动机和高效节能传动装置，以提高机械设备的性能并减少能源消耗。这些措施不仅有助于降低运营成本，还能显著减少温室气体排放。智能控制系统通过实时监测和调整发动机的工作状态，如温度、空燃比等参数，可以确保燃料的高效燃烧，从而降低有害气体的排放。这种智能化的管理方式不仅提高了轮机工程的运行效率，还为环保作出了积极贡献。

4. 废气和废水处理技术

在轮机动力系统环保设计中，废气和废水处理技术是确保船舶环境安全和减少污染排放的关键手段。废气处理技术主要包括排气管路、废气净化、SCR 催化转化等技术。通过合理的排气管路设计和废气净化系统，可有效去除废气中的有害成分，降低空气污染物排放。SCR 催化转化技术则可将柴油机尾气中的氮氧化物转化为无害物质，进一步减少有害气体排放。废水处理技术则包括先进的油水分离设备、海水脱盐设备、污水处理设备等。这些设备可有效分离废水中的油脂、悬浮物、盐分等，使其达到国家和国际环保标准，减少对海洋环境的污染，保护生态环境。综上所述，轮机动力系统中废气和废水处理技术是重要的环保设计措施，可最大程度地降低船舶的污染物排放，保护水域生态环境，实现可持续发展。

（二）轮机工程运行阶段

1. 智能控制系统的实施

智能控制系统在运行阶段发挥着核心作用。通过精确控制燃料的供应和燃烧过程，系统能够实时调整发动机的工作状态以适应不同的负载和工况需求。这不仅提高了燃料的利用效率，还显著减少了有害气体的排放。例如，当发动机处于低负载状态时，智能控制系统可以自动调整供油量和点火时机以降低燃油消耗和排放；而当发动机处于高负载状态时，系统则会优化燃烧过程以确保发动机的稳定运行和高效能输出。

2. 智能独立散热技术的应用

智能独立散热技术是轮机工程环保运行的另一重要支撑。传统的散热系统往往采用恒定转速的风扇进行冷却，这不仅造成了能源的浪费，还可能因过度冷却而影响发动机的性能。智能独立散热技术则根据发动机的水温和变速箱的油温等实时数据来调整风扇的转速以达到最佳的冷却效果。这种技术既保证了轮机工程的稳定运行，又有效降低了能源消耗和噪声污染。

（三）轮机工程维护阶段

1. 循环经济的实践

在轮机工程维护过程中推行循环经济理念至关重要。通过产品的再制造和再利用，可以最大限度地减少对自然资源的消耗和降低环境污染。例如，对废旧部件进行修复和翻新使其重新获得使用价值，或者将废旧材料进行分类回收再应用于新的生产过程中。这些措施不仅延长了产品的使用寿命还促进了资源的循环利用。

2. 环保维护措施的实施

在维护过程中采用环保清洁的维护产品也是减少环境污染的有效途径。选择无毒无害的清洁剂和润滑剂来替代传统的有害化学品。同时优化维护流程减少废液和废气的产生，并确保废弃物的妥善处理，避免对环境造成二次污染。这些环保维护措施的实施有助于保护工作人员的身体健康，同时维护了生态环境的可持续发展。

（四）轮机工程可持续性

1. 节能减排保护大气环境

轮机工程作为船舶动力系统的核心，其运行过程中产生的废气、废水和噪声等对环境造成了一定的污染。融合环保理念的轮机工程通过采用先进的节能减排技术和智能控制系统，能够显著降低有害气体的排放，减少废水和噪声的产生，从而有效保护大气、水体和声音环境。轮机工程在运行过程中会产生大量的，如二氧化碳、氮氧化物、硫氧化物等温室气体和有害气体。这些气体的排放对大气环境造成了严重的污染，加剧了全球气候变暖的趋势。融合环保理念的轮机工程通过优化燃烧过程、提高燃烧效率、使用低硫燃油等措施，能有效降低废气排放，对保护大气环境起到了积极的作用。

2. 环保材料与循环利用

轮机工程中大量使用了各种材料，包括金属、塑料、橡胶等，优先使用可再生材料和可降解材料。传统材料往往来自非可再生资源，且在生产和使用过程中可能对环境造成污染。融合环保理念的轮机工程优先使用可再生材料和可降解材料，如生物基塑料、竹纤维复合材料等，这些材料来源于可再生资源，具有环保、可降解等特性，能够大幅减少对新资源的消耗，降低环境负担。融合环保理念的轮机工程还注重资源的再利用。通过循环经济理念，对废旧部件进行再制造、翻新或回收再利用，不仅延长了产品的使用寿命，还减少了对新资源的需求。这种资源节约的方法有助于实现资源的可持续利用，缓解资源紧张的压力。

3. 提升企业形象与竞争力

融合环保理念的轮机工程展示了企业对环境保护的承诺和责任感，有助于提升企业的环保形象。在当今社会，环保已成为公众关注的焦点，一个具有良好环保形象的企业更容易获得消费者的认可和信任。这种正面的企业形象不仅有助于吸引更多的客户和合作伙伴，还能为企业带来更好的社会声誉。随着全球环保意识的增强和相关法规的完善，越来越多的客户开始关注产品的环保性能。融合环保理念的轮机工程不仅满足了客户对环保的需求，还能在激烈的市场竞争中脱颖而出。具有环保优势的轮机工程产品将更容易获得市场份额，从而增强企业的市场竞争力。

4. 环保法规的遵从与风险降低

在轮机动力系统的环保设计中，环保法规和标准的遵从是确保船舶环境安全和减少污染排放的重要保障。通过遵守国家和国际环保法规和标准，可有效降低污染物排放，保护水域生态环境。对于船舶排放的硫氧化物、氮氧化物、颗粒物等污染物，各国和各地区制定了严格的限制和管理标准。船舶遵守这些规定和标准，可以有效降低污染物排放，符合环保要求，符合客户和法律监管机构的期望。综上所述，遵从轮机动力系统环保设计中的环保法规和标准是保护生态环境、促进可持续发展的必要途径，是轮机动力系统开发和改进的关键。随着全球环境保护法规的日益严格，轮机工程必须符合相关法规要求才能投入运营。融合环保理念的轮机工程通过采用先进的技术和管理手段，确保废气排放、废水处理等方面达到或超过法规标准，从而规避因环保问题而面临的法律风险。融合环保理念的轮机工程还能有效降低经济损失风险。一方面，通过节能减排设计和智能控制系统的应用，轮机工程可以降低能源消耗和运营成本；另一方面，符合环保法规的轮机工程能够避免因违规排放而遭受的罚款和赔偿等经济损失。此外，环保性能优异的轮机工程还能提高客户满意度和忠诚度，为企业带来稳定的客户关系和收益。

二、绿色技术的开发与实施

（一）轮机工程中的绿色技术应用

1. 油水分离节能减排技术

船舶在运行过程中会产生大量的废水，其中含有污染物，废水直接排入海洋将对海洋生态系统造成严重的破坏。油水分离技术通过使用高效的油水分离装置，能够对废水中的油污染物进行有效分离。这些装置通常利用物理、化学或生物方法，将油和水进行分离。物理方法主要是通过重力、离心或过滤等方式将油水分离；化学方法则是通过添加化学药剂改变油水的表面张力或电荷性质，从而实现分离；生物方法则是利用微生物的降解作用来处理废水中的油污染物。在轮机工程中，通常会根据废水的性质和处理要求选择合适的油水分离技术。经过处理后的废水，污染物含量大幅降低，从而避免了对海洋生态系统的破坏。同时，分离出来的油还可以进行回收再利用，提高了资源的利用效率。

2. 船舶节能设计

船舶节能设计主要涉及轻量化材料和优化机舱布局两个方面。①轻量化材料的应用可以降低船舶的自身重量，从而减少能源消耗。例如，采用高强度、轻质的复合材料和新型金属材料来替代传统的钢材，可以显著降低船舶的重量。②优化机舱布局也可以提高能源利用效率。通过合理布局机舱内的设备和管道，减少能源消耗和热量损失，提高能源利用效率。另外，船舶节能设计还包括采用新型节能发动机和高效节能传动装置等措施。这些措施可以显著提高船舶的推进效率，降低燃油消耗和排放。例如，采用新型的低油耗、低排放的发动机和高效的传动系统，可以大幅提高船舶的能效表现。

3. 智能控制系统

智能控制系统可以实现节能减排，通过实时监测和调整发动机的工作状态，智能控制系统能够确保燃料的高效燃烧，降低有害气体的排放。智能控制系统通常包括传感器、控制器和执行器等组成部分。传感器用于实时监测发动机的工作状态，如温度、压力、空燃比等参数；控制器根据传感器的反馈信号进行智能分析和处理，生成相应的控制指令；执行器则根据控制指令调整发动机的工作状态，确保其高效燃烧。通过智能控制系统的应用，可以实现轮机工程的精准控制和优化管理。这不仅可以提高发动机的燃烧效率，降低燃油消耗和有害气体的排放，还可以延长设备的使用寿命，提高轮机工程的整体能效表现。

4. 废物资源化技术

废旧金属的再生利用是实现轮机工程中废物资源化的手段之一。随着工业化的快速发展，金属资源的消耗量不断增加，金属资源是有限的，因此废旧金属的再生利用变得尤为重要。在轮机工程中，废旧金属的再生利用主要包括废旧船舶、机器设备等的拆解和回收。通过专业的拆解技术，可以将废旧船舶和机器设备中的金属部件进行分离和提取。经过熔炼、精炼等工艺处理，这些废旧金属可以变成新的金属制品，如钢铁材料、汽车零件等。废旧金属的再生利用不仅可以减少对原生金属资源的需求，还可以降低生产成本和环境污染。同时，通过专业的回收和处理流程，可以确保废旧金属得到高效、环保的利用，实现资源的可持续利用。

5. 废旧塑料的再生利用

废旧塑料的再生利用也是实现轮机工程中废物资源化的重要手段。塑料作为一种广泛使用的材料，在轮机工程中也有大量的应用，塑料的难以降解性给环境带来了严重的污染问题。因此，废旧塑料的再生利用变得尤为重要。废旧塑料的再生利用主要包括分类、清洗、破碎、熔炼等工艺流程。首先，需要对废旧塑料进行分类处理，将不同种类的塑料进行分离。其次，经过清洗和破碎处理，将塑料破碎成小片或颗粒状。最后，通过熔炼等工艺处理，将废旧塑料变成新的塑料制品，如电缆护套、植物育苗箱等。通过废旧塑料的再生利用，可以减少对新塑料材料的需求，降低生产成本和环境污染。同时，这种利用方式还可以促进循环经济的发展，推动资源的可持续利用。在轮机工程中，应大力推广废旧塑料的再生利用技术，为环保事业作出贡献。

（二）评估环境绿色技术的实际应用成效

1. 环境保护效果

减少污染物排放。油水分离技术通过高效的分离装置，能够显著减少船舶废水中的油污染物，大量的油污不再被排入海洋，从而有效地保护了海洋生态环境；智通过实时监测和调整发动机的工作状态，如温度、空燃比等关键参数，智能控制系统能够确保燃料的高效燃烧，进而降低有害气体的排放，对于提高空气质量、减缓全球气候变暖等环境问题具有积极影响；废旧金属的再生利用技术能够将废弃的金属熔炼加工，生产出新的金属制品，节约了原生金属资源，还降低了因开采和冶炼新金属而产生的环境压力；废旧塑料的再生技术，经过再生处理，废旧塑料可以变成新的塑料制品，如电缆护套、植物育苗箱等，从而实现了资源的循环利用，缓解了资源紧张的状况，更为推动经济的可持续发展和环境的长期保护提供了有力支持。

2. 节能设计的效果

船舶节能设计通过引入轻量化材料和优化机舱布局，显著降低了船舶的整体能耗。轻量化材料的应用减轻了船舶的自身重量，从而减小了航行过程中的阻力，进而降低了能源消耗。优化机舱布局也有助于提高能源利用效率，通过合理布局机舱内的设备和管道，减少了能源消耗和热量损失，进一步提高了船舶的能效表现。这种节能设计的效果在实际应用中得到了充分验证。采用新型节能发动机和高效节能传动装置的船舶，在航行过程中展现出了更高的推进效率和更低的燃油消耗。这不仅降低了运营成本，还为减少温室气体排放、推动绿色航运发展作出了积极贡献。

3. 智能控制系统的贡献

智能控制系统在轮机工程中的应用，为提高船舶运行效率和延长设备使用寿命作出了重要贡献。通过实时监测和调整船舶的工作状态，智能控制系统能够确保船舶在不同负载和工况下都能高效运行。这种智能化的管理方式，避免了能源的浪费和设备的过度磨损，从而提高了船舶的整体运行效率和使用寿命。智能控制系统能够根据航行条件和负载情况实时调整发动机的功率输出，确保其始终工作在最佳状态下。这不仅降低了燃油消耗和有害气体排放，还减少了设备的故障率和维修成本。同时，智能控制系统还能够对船舶的各个系统进行全面监控和管理，及时发现并处理潜在的安全隐患，从而确保船舶的安全运行。

三、环保法规与政策的引导作用

（一）国内外相关的环保法规和政策框架

1. 国内环保法规与政策

我国与轮机工程相关的环保法规和政策正在经历一个持续完善的过程，

体现了国家对环境保护的高度重视，也反映了轮机工程领域对环保转型的迫切需求。以《中华人民共和国海洋环境保护法》为例，该法规的出台为我国海洋环境的保护和改善提供了坚实的法律基础。它明确要求从事航行、勘探、开发等海洋活动的单位和个人，必须采取有效措施，防止、减少和控制对海洋环境的污染损害。对于轮机工程而言，这意味着在船舶设计、建造和运营过程中，必须严格遵守环保标准，减少废水、废气和固体废物的排放，确保海洋环境的健康与安全。

《产业结构调整指导目录（2024 年本）》也是国内环保政策的重要组成部分。该目录通过明确鼓励类项目，为轮机工程的环保转型指明了方向，涉及环保行业的多个方面，如大气污染物治理、生态环境修复等，都被列为鼓励类项目，为轮机工程领域的企业提供了政策支持和优惠措施，激发了它们投身环保转型的积极性和动力。

2. 国际环保法规与政策

在全球范围内，各国政府也在积极推动环保法规和政策的发展。这些国际协议和公约的签署和实施，对轮机工程的环保技术提出了更高的要求，推动该领域的环保转型和升级。以《巴黎协定》为例，该协定旨在全球范围内减少温室气体排放，以应对全球气候变暖的挑战。对于轮机工程而言，这意味着在设计和运营过程中，必须更加注重节能减排，采用更加环保的技术和方案，以降低碳排放量，为应对全球气候变化作出贡献。还有许多其他国际环保协议和公约正在发挥着重要作用，例如，《国际防止船舶造成污染公约》（MARPOL）就对船舶的污染物排放进行了严格限制，要求船舶必须安装和使用有效的污染处理设备，确保废水、废气和固体废物的排放达标。这些国际法规的出台和实施，为轮机工程的环保转型提供了全球性的标准和指导。

（二）法规和政策推动环保转型

1. 提供法律保障和约束

环保法规的出台和实施，为轮机工程的环保转型提供了坚实的法律后盾。这些法规通过明确规定排放标准、污染控制要求以及违规处罚等措施，确保了轮机工程在运行过程中必须严格遵守环保标准。这种法律层面的保障和约束，极大地降低了环境污染的风险，保护了生态环境的安全。轮机工程在运行过程中往往会产生大量的废气、废水和固体废物，如果没有法规的约束，这些污染物的排放将对环境造成巨大的破坏。环保法规的存在，使得企业必须按照规定的标准进行处理和排放，有效地控制了污染物的扩散和影响。法规还通过设定严格的监管措施和处罚机制，确保了轮机工程在环保方面的合规性。一旦发现有违规行为，企业将会受到严厉的处罚，这不仅是对企业的经济惩罚，更是对其社会信誉的打击。企业在面对法规的约束时，会更加重视环保工作，积极推动轮机工程的环保转型。

2. 引导技术创新

环保政策在推动轮机工程环保转型中的另一个重要作用是引导技术创新。政府通过提供财政补贴、税收优惠等激励措施，鼓励企业进行技术创新和研发，以推动轮机工程向更加环保、高效的方向发展。激励政策为企业提供了强大的动力，使得它们更加愿意投入资金和人力资源进行技术研发。在这种政策的引导下，企业会积极探索新的环保技术和解决方案，以降低能耗、减少排放，并提高轮机工程的运行效率。这不仅有助于提升企业的竞争力，还能为整个社会带来更加清洁、高效的能源利用方式。技术创新也是推动轮机工程环保转型的关键所在。只有通过不断的技术创新，才能实现轮机工程在环保方面的突破和进步。因此，政策的引导作用对于推动技术创新和环保转型具有十分重要的意义。

3. 促进产业升级

环保法规和政策还通过促进产业升级的方式，推动了轮机工程的环保转型。这些政策通过淘汰落后产能、推广清洁能源等方式，引导轮机工程行业向更加环保、可持续的方向发展。在这种政策的推动下，落后的、高污染的轮机设备和技术将被逐步淘汰，取而代之的是更加环保、高效的新型设备和技术。这不仅有助于提升整个轮机工程行业的竞争力，还能为社会和环境带来长远的利益。同时，产业升级也意味着行业将更加注重创新和研发，以应对日益严格的环保要求和市场挑战。产业升级还将带动相关产业链的发展和完善。随着轮机工程行业向环保方向的转型，与之相关的清洁能源、环保设备等领域也将迎来新的发展机遇。这将形成一个良性的循环，推动整个环保产业的快速发展。

4. 增强公众环保意识

环保法规和政策的宣传和实施，有效地增强了公众的环保意识。随着人们对环境保护重要性的认识不断加深，轮机工程领域的从业人员和公众都更加关注环保问题。这种关注不仅体现在对环保法规和政策的了解和遵守上，更体现在日常生活中的环保行为上。公众环保意识的增强，为进一步推动轮机工程的环保转型创造了有利的社会氛围。在这种氛围下，企业会更加注重自身的环保责任和义务，积极推动轮机工程的环保转型。同时，公众也会更加支持和理解轮机工程的环保转型工作，为其提供更大的动力和支持。

四、环保材料和循环利用策略的应用

（一）环保材料的应用

1. 生物降解材料的应用

生物降解材料在轮机工程中扮演着日益重要的角色。这类材料具有在使用寿命结束后能够被自然分解的特性，从而显著减少对土壤和水源的污染。在轮机工程中，一些机械零件（如齿轮、轴承等）可以采用生物降解材料制造。当这些零件因磨损或老化需要更换时，旧的零件可以在自然环境中快速分解，不会对环境造成长期负担。生物降解材料还可以应用于轮机工程的润滑和冷却系统。传统的润滑油和冷却液在使用过程中可能会泄漏或排放到环境中，对生态系统造成危害。而使用生物降解的润滑油和冷却液，即使发生泄漏，也能在短时间内自然分解，从而降低对环境的污染。

2. 再生材料的应用

再生材料是通过回收利用废弃物制成的材料，其在轮机工程中的应用也越来越广泛。这些材料不仅减少了对自然资源的消耗，还降低了废弃物的排放。在轮机工程中，再生材料可以用于制造一些非关键部件，如机箱、支架等。通过使用再生材料，可以减少对新材料的需求，从而减轻对环境的压力。再生材料的应用还有助于推动轮机工程的循环经济。废弃物经过回收、加工后重新利用，形成了一个闭环的资源利用系统。这种循环经济模式不仅提高了资源的利用效率，还降低了环境污染和资源浪费。

3. 环保材料的优势分析

与传统的非环保材料相比，环保材料在使用过程中产生的污染更少。例如，生物降解材料可以在自然环境中快速分解，不会造成长期的环境污染；再生材料则通过回收利用废弃物，减少了对自然资源的开采和破坏。这些特性使得环保材料成为轮机工程中实现可持续发展的重要途径。环保材料还展现出优越的性能特点。以碳纤维复合材料等高性能环保材料为例，它们具有较低的密度和较高的强度，这使得制造出的机械设备更轻、更坚固。轻量化的机械设备不仅提高了运行效率，还降低了能耗和排放。一些环保材料还具有优良的耐热、耐腐蚀等性能，可以延长机械设备的使用寿命和降低维护成本。环保材料的推广使用符合可持续发展的理念。通过减少环境污染、降低资源消耗和提高能源利用效率，环保材料为轮机工程乃至整个社会的可持续发展作出了积极贡献。随着环保技术的不断进步和创新，环保材料的性能将得到进一步提升，其在轮机工程中的应用也将更加广泛和深入。

（二）循环利用策略的实际效果

1. 减少资源浪费

循环利用策略发挥了减少资源浪费、节能减排的积极作用。在轮机工程中，许多部件在长时间使用后可能因磨损或技术更新而被替换。这些被替换的部件并非完全丧失使用价值。通过循环利用，这些废旧部件可以得到重新加工和利用，从而成为新的资源。例如，一些废旧的金属部件可以通过熔炼和再加工变成新的金属材料，用于制造新的轮机部件。这种再利用的方式不仅延长了资源的使用寿命，还极大地降低了对新资源（如矿石、原油等）的开采需求。再利用过程中还可以对废旧部件进行技术升级或改造，使其性能得到提高，甚至达到或超过原部件的性能，节约资源并提高了产品的质量和性能。在传统的生产过程中，新材料的开采、加工和运输等环节都会消耗大量的能源。而通过循环利用废旧材料，这些环节得以省略或简化，从而大大降低了能源消耗。以轮机工程中常见的金属材料为例，从矿石开采到金属冶炼，再到金属材料加工成部件，整个过程中需要消耗大量的煤炭、电力等能源。而废旧金属的循环利用则省去了开采和冶炼环节，直接进入加工环节，显著降低了能耗。由于废旧金属已经加工过一次，其物理和化学性质更加稳定，再次加工时的能耗也会相对较低。

2. 减轻环境负担

循环利用策略减少了废弃物排放。轮机工程中产生的废弃物往往包含各种有害物质，如果处理不当，会对环境和人类健康造成严重危害。通过循环利用策略，这些废弃物得以重新利用，从而减少了废弃物的产生和排放。这不仅有助于减轻垃圾填埋场和焚烧厂的处理压力，还能降低有害物质进入环境的风险。例如，一些废旧的轮机部件在经过清洗、检测和修复后，可以重新用于轮机工程中。这种方式既节约了新材料的使用，又减少了废弃物的排放。同时，这些废旧部件的再利用也避免了新材料在生产过程中造成的环境污染。废弃物处理是一项开支昂贵的工程，尤其是对于大型企业而言。通过循环利用策略在减少废弃物排放的同时，也降低了与之相关的污染处理成本。这些成本包括废弃物的收集、运输、处理以及可能的罚款等费用。通过循环利用减少这些费用支出，企业可以节约大量资金并用于其他有益于企业发展的方面。随着环保法规的日益严格，污染处理成本还将继续上升。因此，从长远来看，循环利用策略不仅有助于企业实现当前的节能减排目标，还能为企业未来面对更严格的环保要求提供有力的支持。

五、环保实践案例分析

（一）轮机工程中环保理念成功应用的案例研究

1. 绿色船舶"海洋之星"应用案例

"海洋之星"是一艘环保理念和先进技术完美结合的船舶。从设计阶段开始，它就注定要成为绿色航运的佼佼者。设计师们深知，提高能源效率和减少环境污染是打造绿色船舶的关键。因此，在船体设计上，他们精心优化了线型和螺旋桨，使得船舶在航行时能够减少阻力，提升效率。在轮机工程的应用方面，"海洋之星"展现了其独特的环保智慧。它装备了高效的发动机和发电系统，这些系统的选择都是基于减少能耗和降低排放的考虑。更值得一提的是，该船舶还配备了低硫燃油系统。这种系统的使用，极大地减少了硫氧化物的排放，对于保护大气环境具有重要意义。但"海洋之星"的环保实践并未止步于此。为了进一步降低废气排放，船上还特别安装了废气清洁系统。这一系统能够有效地减少氮氧化物和颗粒物的排放，使得船舶的环保性能更上一层楼。智能能耗管理系统是"海洋之星"的另一大亮点。这个系统能够实时监测船舶的能耗数据，让船员能够清晰地了解到船舶的能源消耗情况。更重要的是，该系统能够根据航行条件和需求，智能地调整发电机的运转状态。这种智能化的管理方式，不仅实现了能源的最优化利用，还提高了船舶的运营效率。"海洋之星"不仅在技术上展现了卓越的环保性能，更在运营理念上体现了对环境的尊重和保护。它的存在，不仅证明了环保理念在轮机工程中的成功应用，也为航运业的绿色发展树立了典范。

2. 轮机节能改造项目应用案例

随着全球对环保意识的日益增强，越来越多的船舶开始进行轮机节能改造。某大型货轮就是其中的一个典型案例。这艘货轮在进行改造前，存在着能耗高、排放大的问题。为了响应环保号召，提高运营效率，船东决定对轮机系统进行全面升级。改造团队对原有的发动机和发电机组进行了更换，选用了更为高效、环保的设备，提高了能源转换效率，还降低了废气排放。为了充分利用废热，改造团队还加装了热回收系统。这一系统能够将轮机运行过程中产生的废热转化为有用能源，为船舶提供辅助电力或热水。这种能源再利用的方式不仅提高了能源利用效率，还减少了能源浪费。在冷却系统方面，改造团队也进行了创新，引入了海水冷却技术替代传统的淡水冷却方式。这种技术不仅节约了淡水资源，还提高了冷却效率。对于远洋船舶而言，淡水资源的节约具有非常重要的意义。除了硬件设备的升级外，改造团队还对轮机的布局和管道设计进行了优化。他们通过减少流体在管道中的阻力，降低了能耗损失，从而提高了整体能效。这种精细化的设计思路，体现了对环保理念的深入理解和实践。经过一系列的改造措施，这艘大型货轮的能耗和排放均得到了显著降低。运营效率的提高也为船东带来了可观的经济效益。这一案例不仅证明了环保理念在轮机工程改造中的重要性和可行性，也为其他船舶的节能改造提供了有益的参考和借鉴。

（二）经验教训与未来借鉴

1. 环保设计先行

在船舶的初步设计阶段，就应当把环保因素置于核心位置。这不仅仅是在船体线型和螺旋桨设计上进行优化以减少航行阻力，更包括在材料选择、系统布局等各个方面体现出对环境的尊重和保护。例如，"海洋之星"在设计时就充分考虑了能源效率和环境友好性，通过优化船体设计来降低能耗。这一理念告诉我们，只有在设计的源头就融入环保理念，才能确保最终的产品是环境友好的。对于未来的轮机工程，这意味着在设计阶段就需要进行全面的环境影响评估，确保所选择的材料、技术和系统都是最环保的。设计师们还需要密切关注新的环保技术和材料的发展，以便及时将这些创新应用到设计中。

2. 引入先进技术

技术是推动环保实践的关键。从上述案例中我们可以看到，无论是高效的发动机、发电机组，还是废气清洁系统，都极大地推动了船舶的环保性能提升。这些先进技术的应用，不仅提高了能源转换效率，还显著降低了污染物的排放。未来，轮机工程应继续积极引进和开发新技术，特别是那些能够显著提高能效和减少排放的技术，与科研机构和高校的紧密合作也是推动技术创新的重要途径。

3. 智能化管理

智能化管理是现代船舶的一个重要趋势。通过智能能耗管理系统，船舶可以实时监测能耗数据，并根据实际情况进行智能调整，从而实现能源的最优化利用。这种管理方式不仅提高了运营效率，还为环保实践提供了有力的数据支持。对于未来的轮机工程，智能化管理将是一个不可或缺的部分。通过更加先进的传感器、数据分析技术和人工智能算法，人们可以实现对船舶能耗和排放更精准地控制，从而进一步提升环保性能。

4. 废热回收

废热回收是提高能源利用效率的重要手段。在轮机工程中，大量的热能往往被浪费掉，而通过加装热回收系统，可以将这些废热转化为有用能源，为船舶提供额外的动力或热水。这不仅减少了能源的浪费，还降低了运营成本。未来的轮机工程应更加注重废热回收技术的研发和应用。随着新材料和新技术的发展，我们有理由相信，废热回收的效率将会进一步提高，为船舶的环保实践贡献更大的力量。

5. 优化布局与设计

轮机的布局和管道设计对于整体能效有着重要影响。合理的布局可以减少流体在管道中的阻力，从而提高能效。在轮机节能改造项目中，人们就看到了通过优化布局和设计来降低能耗的成功实践。在未来的轮机工程中，人们需要更加注重布局和设计的优化。这包括但不限于：选择更合适的管道材料和直径、优化管道走向、减少不必要的弯头和阀门等。通过这些细致入微的调整，人们可以进一步提高轮机的整体能效，为船舶的环保实践添砖加瓦。

第8章　机电一体化的未来趋势与展望

　　轮机工程从蒸汽机的轰鸣到现代柴油机的精密运转，每一次技术的飞跃都标志着人类文明的大步前进。机电一体化作为现代工业技术已成为轮机工程革新的关键驱动力，机电一体化机械、电子、信息技术等多学科深度融合，提升了轮机设备的性能和效率。当前能源的紧缺、环境问题及市场竞争的激烈，迫使轮机工程必须寻求更高效、更环保、更智能的解决方案，机电一体化技术的智能化发展，使轮机设备能够实时监控自身状态，预测维护需求，减少停机时间和维修成本。通过精确的数据分析，优化设备的运行参数，实现能源的高效利用，降低能耗和排放，符合绿色环保的社会需求，是企业降低运营成本、提高竞争力的关键。机电一体化还推动了轮机工程的模块化、标准化发展，通过统一的标准化接口，不同厂商的设备可以更加便捷地实现互联互通，提高设备的兼容性和互换性，为用户提供更多的选择和灵活性。在未来的轮机工程中，机电一体化将继续引领技术进步，推动行业发展。本章将分析机电一体化的未来发展趋势，包括技术融合、智能化、高效能、模块化等多个方面，对未来轮机工程的发展进行一些深入的思考，涉及教育改革、产学研合作、技术多元化、绿色环保理念等多个层面。通过这些探讨，我们希望能够为轮机工程的未来发展提供一些有益的启示和建议。

机电一体化的发展趋势

　　机电一体化技术的日益成熟和广泛应用推动着轮机工程工业领域的发展。机电一体化技术把传统机械工程与电子、信息技术深度融合，形成了一个高效、智能的系统，促进了工业生产方式的重大变革。在轮机工程中通过机电一体化的引入显著提升设备的性能和效率，使设备的操作更加便捷、智能化。机电一体化为轮机工程带来了广阔的创新空间和发展潜力。随着全球市场竞争的加剧和客户需求的多样化，使模块化、标准化的设计理念也逐渐成为机电一体化的重要发展趋势，机电一体化将引领轮机工程走向更加智能、高效、环保的未来。

一、技术融合与智能化发展

在当今的工业数字信息化的时代，智能化设备是其重要的技术表现形式。技术融合与智能化发展中主要包含了人工智能、计算机工程科学、心理学等多个专门的学科，为企业生产管理服务的企业智能化生产过程中各环节的实际操作进行设定，其主要设计目的就是创造高生产效率、低耗能的企业生产管理效果。

（一）深度学习与机电一体化的结合

深度学习与机电一体化的结合，不仅是技术的融合，更是现代工业生产方式的一次深刻变革。深度学习作为人工智能的杰出代表，正以其强大的数据处理和模式识别能力，推动着机电一体化向更高层次的智能化迈进。这种结合为现代工业生产带来了前所未有的机遇和挑战，引领着工业制造进入一个新的智能化时代。

（二）自适应与自学习技术在机电一体化中的应用

在机电一体化系统中，自适应与自学习技术并不是孤立的，而是可以相互结合、相互促进的。通过自适应控制技术，系统可以实时监测和调整自身状态，确保稳定运行；而通过自学习技术，系统可以不断地学习和优化操作策略，提高效率。这两种技术的结合应用，使得机电一体化系统既能够稳定可靠地运行，又能够持续地进行自我优化和提升。自适应与自学习技术在机电一体化中的应用，提高了系统的稳定性和控制精度、降低了能耗和维护成本，还赋予了机电设备更高的自主性和智能性。

二、高效能与节能减排趋势

工业在极大地推动现代人们的工业生产和社会物质生活的水平进一步提

高的同时，也给现代人们的自然环境和生活的发展带来了很大的挑战和影响。在自然资源丰富的情况下，资源的合理利用和资源浪费行为终究会直接使自然资源消耗利用殆尽，因此在国家大力推行机电一体化工业生产的今天，需要合理地运用自然资源，加强对自然资源的合理利用和分配，并且有效地降低生产对于环境的各种负面影响，从而最终实现工业生产的健康可持续发展。

（一）高效能动力系统的研究与应用

1. 混合动力系统的研究与应用

混合动力系统是高效动力系统中的重要一环，它结合了内燃机和电动机的优势，通过智能控制策略实现了两种动力源的协同工作。在混合动力系统中，内燃机主要负责高功率需求时的动力输出，而电动机则在低功率需求和能量回收时发挥作用。这种组合方式不仅提高了汽车的燃油经济性，还降低了尾气排放，实现了能源的优化利用。混合动力系统的研究与应用已经取得了显著的成果。目前，许多汽车制造商都推出了自己的混合动力车型，这些车型在市场上受到了广泛的关注和认可。混合动力技术的应用不仅提高了汽车的性能和燃油经济性，还为环保事业作出了积极贡献。

2. 纯电动系统的研究与应用

纯电动系统是另一种重要的高效动力系统。与混合动力系统不同，纯电动系统完全依赖电能来驱动汽车行驶。它具有无污染排放、低噪声等优点，是环保出行的理想选择。随着电池技术和充电设施的不断进步，纯电动系统的续航里程和充电速度已经得到了显著提升，这使得纯电动汽车在实际应用中更加便捷和实用。近年来，纯电动汽车在全球范围内得到了广泛的推广和应用。许多国家都出台了相应的政策来鼓励纯电动汽车的发展，如提供购车补贴、建设充电设施等。这些措施为纯电动汽车的普及创造了有利条件，也推动了高效动力系统的进一步发展。

3. 燃料电池系统的研究与应用

燃料电池系统是一种新兴的高效动力系统，它通过将氢气与氧气反应产生电能来驱动汽车行驶。这种系统具有无污染排放、高效能量转换等优点，被认为是未来汽车动力的发展趋势之一。虽然目前燃料电池系统的成本较高，但随着技术的不断进步和产业链的完善，其成本有望逐渐降低。燃料电池系统的研究与应用已经引起了全球范围内的广泛关注。许多汽车制造商和科研

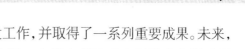

机构都在积极开展燃料电池技术的研发工作，并取得了一系列重要成果。未来，随着燃料电池技术的不断成熟和推广应用，它将在高效动力系统中占据重要地位，为推动汽车行业的绿色发展作出积极贡献。

4. 新能源技术的动力系统研究与应用

新能源技术可以显著减少船舶轮机动力系统的温室气体和污染物排放，具有更高的能源效率和环境友好特性，使船舶更符合严格的环境标准和法规要求。然而，这些技术还处于发展阶段，需要解决储存、输送、成本和可靠性等方面的问题，才能实现在商业船舶中的广泛应用。随着技术的不断进步和政策的支持，这些新能源技术在船舶轮机动力系统中的应用前景将变得更加广阔。1）甲醇动力系统。甲醇是一种可再生的清洁能源，可以直接用作燃料或以氢气为基础进行提供。甲醇动力系统在船舶上的应用日益广泛。甲醇具有高能量密度、易储运、易供应和较低的温室气体排放等优点，可以在内燃机中燃烧，也可以通过反应堆产生氢气用于燃烧。在甲醇燃料电池系统中，甲醇可以被转化为氢气，并通过反应堆燃烧产生电力。2）氨燃料动力系统。氨燃料是一种潜力巨大的新能源，特别适用于船舶动力系统，是无碳或低碳的可再生燃料，可以通过水电或风能等可再生能源中的电解过程产生。氨燃料的燃烧不产生碳排放，且能量密度高。然而，氨燃料的存储和输送是一个挑战，因为氨具有刺激性气味和高度腐蚀性。3）氢动力系统。氢被认为是最清洁的能源之一，可以通过电解水制氢或从天然气中提取。在船舶轮机动力系统中，氢可以直接供给燃料电池，产生电力驱动船舶。燃料电池可以将氢与氧气反应，产生电能和水，且不产生碳排放。然而，氢的储存和输送成本较高，需要解决安全性和基础设施建设等问题。

5. 废热回收和能源回收技术研究与应用

轮机动力系统中废热回收和能源回收技术是实现能源有效利用的重要手段。废热回收技术通过收集及利用发动机和其他设备产生的热能，将其转化为有用的能源。常见的废热回收技术包括废热锅炉、废热蒸汽发生器、废热蓄热装置等。这些装置通过将废热传递给工作介质（如水或热油）来加热水蒸气或制冷剂，用于供暖、发电或驱动其他设备。能源回收技术则是指将机械或电力设备产生的惯性能量、制动能量等回收和利用。常见的能源回收技术包括再生制动系统、惯性发电装置等。再生制动系统通过将制动过程中产生的能量转化为电能，并存储在电池或超级电容器中，用于供电或辅助驱动。

惯性发电装置则利用运动设备惯性的转动产生电能，可用于供电、能量储存或辅助推进。

（二）节能减排技术在轮机工程中的推广

轮机工程作为船舶、海洋工程及相关动力机械领域的关键部分，节能减排技术在轮机过程中的应用和推广对于环境保护和能源节约具有重大意义。在全球气候变化和资源紧张的大背景下，轮机工程中节能减排技术的推广显得尤为重要。随着科技的不断进步和环保要求的提高，轮机工程中节能减排技术将更加高效、智能和环保，要密切关注行业发展趋势，及时调整技术推广策略，确保轮机工程的节能减排工作始终走在时代前列。

1. 提高节能减排重要性的认识

轮机工程中成功推广节能减排技术，必须提高公众和行业内对节能减排重要性的认识。需要从多个层面入手，包括政府、企业和个人。政府层面，应加大宣传力度，通过各种渠道向公众普及节能减排的知识和意义，可以举办节能减排主题的公益活动，鼓励社会各界参与，共同营造节能环保的社会氛围。企业层面，应加强对员工的节能减排培训，让员工深刻理解节能减排对于企业可持续发展和社会责任的重要性，企业还可以建立节能减排的激励机制，鼓励员工在实际工作中践行节能环保理念。个人层面，要通过教育和自我学习，提升对节能减排的认识和行动力。每个人都应该从自身做起，从小事做起，为节能减排贡献自己的力量。

2. 加强技术研发与推广力度

技术研发是推动节能减排技术在轮机工程中应用的关键。政府和企业应持续投入研发资金，支持科研机构、高校等开展节能减排技术的创新研究。通过不断优化现有技术，开发更高效、更环保的轮机设备和系统。加强新技术的推广力度也至关重要。政府可以出台相关政策，鼓励企业采用先进的节能减排技术，如提供税收优惠、资金补贴等。企业则应积极引进和应用新技术，提高自身的市场竞争力，同时实现环保效益和经济效益的双赢。

3. 引进先进的节能减排设备

在轮机工程中，引进先进的节能减排设备是推广技术的重要手段。这些设备往往具有更高的能效和更低的排放，能够显著提升轮机系统的环保性能。然而，引进先进设备需要资金支持和政策引导。政府可以提供资金支持，帮

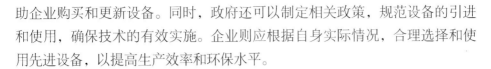

助企业购买和更新设备。同时，政府还可以制定相关政策，规范设备的引进和使用，确保技术的有效实施。企业则应根据自身实际情况，合理选择和使用先进设备，以提高生产效率和环保水平。

4. 提升维修人员专业性

节能减排技术的成功应用，离不开专业维修人员的支持。因此，提升维修人员的专业性至关重要。政府和企业应加强对维修人员的培训和教育，提高他们的专业技能和对节能减排技术的理解。政府可以设立专门的培训机构或项目，为维修人员提供系统的培训课程。企业则应定期组织内部培训，确保员工掌握最新的节能减排技术和知识。同时，企业还可以建立激励机制，鼓励员工自主学习和进步，为企业的节能环保工作贡献更多力量。

三、模块化与标准化发展方向

（一）模块化设计在机电一体化中的重要性

1. 研发效率与成本的优化

机电一体化产品的种类日益繁多，产品之间的差异性导致产品无法兼容。模块化设计通过将产品划分为具有特定功能的独立模块，为产品的研发带来了革命性的变化，模块可以独立设计、生产、测试，并在不同的产品中重复使用，从而显著提高了产品的通用性和互换性。在研发阶段，模块化设计使得开发人员能够并行工作，各个模块可以同时进行设计和优化，大幅缩短了产品的开发周期。此外，由于模块的重复利用，企业无须为每个新产品设计所有组件，从而节省了大量的研发资源和时间。这种高效的研发模式不仅加快了产品上市速度，还降低了研发成本，使企业在激烈的市场竞争中占据有利地位。

2. 生产制造的灵活性与效率提升

模块化设计对生产制造环节同样产生了积极的影响。传统的生产方式往往需要根据产品的不同进行定制化生产，这不仅增加了生产的复杂性，还降低了生产效率。而模块化设计使得生产过程更加标准化和规范化，企业可以根据市场需求灵活调整生产策略，快速适应市场变化。通过模块的标准化生产，企业可以实现批量生产，从而降低生产成本并提高产品质量。同时，当市场需求发生变化时，企业只需调整相应模块的生产计划，而无须对整个生产线进行大规模改造。这种灵活性和高效性使得企业能够更好地满足客户需求，提升市场竞争力。

3. 维修与升级的便捷性

在产品使用过程中，维修和升级是不可避免的环节。模块化设计为产品的维修和升级带来了极大的便利。由于每个模块都具有独立的功能，因此当某个模块出现故障时，维修人员可以迅速定位并更换故障模块，而无须对整个产品进行拆卸和检修，提高了维修效率，降低了维修成本。随着技术的不断进步和市场需求的变化，产品升级成为保持竞争力的关键。模块化设计使得产品升级变得更加容易实现。企业只需更换或升级相应的功能模块，就可以实现产品性能的提高或功能拓展。这种快速适应市场变化的能力对于企业在激烈竞争的环境中立足至关重要。

4. 促进产业链协作与企业间合作

目前机电一体化相关产品的种类不仅繁多而且采用的型号各异，在设计和研制机械传感器接口、电气传感器接口等模块化产品时需要考虑的确定性因素过多，很难形成统一标准，因此机电一体化的模块化建设是一项较为艰巨的系统性工程，但对于集自动减速、智能自动调速等于一体的模块则较为便利，此类模块化产品采用模块化设计，不仅能够有效推动新技术产品的设计和开发，而且能够推动相关设备生产企业规模的进一步扩大。模块化设计不仅优化了企业内部的生产和研发流程，还促进了产业链上下游企业之间的协作和合作。在模块化设计的框架下，不同企业可以专注于自己擅长的领域进行模块的研发和生产，然后通过标准化的接口进行连接和组合。这种合作模式打破了传统企业之间的界限，使得整个产业链的资源得到了更加合理的配置和利用。企业可以充分发挥各自的专业优势和技术实力，共同推动机电一体化产品的发展和创新。这种合作模式也降低了企业的研发风险和市场风险，提高了整个行业的创新能力和市场竞争力，引领行业走向更加高效、灵活和创新的发展道路。

5. 实现机电一体的微型化

自20世纪80年代末微型化的开始，机电一体便朝着其微型化的目标和方向迅速发展。目前具备机电一体微型化技术标准的电子机械的体积和尺寸通常小于1立方厘米，并且不断朝着更小的微型化目标和方向发展。微机电一体化具备机电结合为一体所需要具有的所有基本功能，并且具备了体积更小、耗能更少、灵活性更高等诸多优点，能够广泛运用在除了工业机器人批量生产以外的其他多个行业和领域，如汽车行业。微机电一体化产品的批量生产和加工效率主要取决于其超精密加工的技术，即所谓的超精密加工技术，该种超精密技术的应用能够有效实现机电一体产品的高效化和微型化。

（二）标准化接口与协议的作用

1.　统一性与开放性

在当今高度互联的世界中，设备的互操作性和兼容性显得尤为重要。标准化接口与协议正朝着统一性和开放性的方向发展，以确保不同厂商生产的产品能够通过统一的接口和协议进行无缝对接和通信。这种发展趋势不仅有助于消除技术壁垒，促进市场竞争，还能为消费者带来更加便捷和高效的使用体验。各大标准化组织和行业协会正在积极推动接口与协议的统一化进程。他们致力于制定通用的标准和规范，以确保不同设备之间的兼容性和互操作性。同时，开放性也成为标准化接口与协议发展的重要特征，它鼓励厂商公开其接口规范和协议标准，以便其他厂商能够更容易地接入和集成。

2.　高速与高效

随着数字化和信息化的加速发展，数据传输和处理需求日益增长。为了满足这一需求，标准化接口与协议正朝着高速和高效的方向发展。例如，USB、HDMI等接口标准的不断更新换代，不仅提供了更快的数据传输速度，还保证了更稳定的连接性能。为了实现高速与高效的数据传输，标准化接口与协议采用了先进的编码技术和数据传输机制，这些技术能够减少数据传输过程中的延迟和丢包率，提高整体传输效率，随着技术的不断进步和创新，未来我们有望看到更加高速和高效的接口与协议标准的出现。

3.　安全性与可靠性

在网络安全问题日益突出的背景下，标准化接口与协议在设计和实施过程中越来越注重安全性和可靠性。通过采用先进的加密技术和认证机制，这些接口与协议能够确保数据传输和通信的安全性，防止数据泄漏和非法访问。为了提高系统的可靠性，标准化接口与协议还注重优化协议设计和提高硬件质量。通过采用冗余设计和故障检测机制，这些接口与协议能够在出现故障时及时发现并处理，确保系统的稳定运行，各大厂商也在积极推动接口与协议的标准化进程，以降低研发成本和提高产品质量。

4. 智能化与自适应性

随着物联网、云计算和人工智能等技术的快速发展，标准化接口与协议开始融入智能化和自适应性的元素。这使得设备能够自动识别和适应不同的接口和协议标准，从而实现更便捷的设备连接和数据交换。智能化接口能够自动检测并识别连接的设备类型和支持的协议标准，从而自动进行配置和调整。这种智能化特性不仅简化了设备连接的操作步骤，还提高了设备的兼容性和使用便捷性。自适应性协议能够根据网络环境的变化自动调整传输参数和策略，以确保数据传输的稳定性和效率。这种自适应性使得设备能够更好地适应复杂多变的网络环境，提高数据传输的可靠性和性能。

四、远程监控与维护的普及

（一）物联网在机电一体化中的应用前景

1. 智能化监控

在机电一体化系统中，物联网技术的引入将极大地推动智能化监控与管理的发展。传统的监控系统往往依赖于人工巡检和定期的数据采集，这种方式不仅效率低下，而且容易出现遗漏和误判。而物联网技术的运用，使得设备和机器能够实现远程实时监控，极大地提高了生产过程的可视化和管理效率。

通过安装在设备上的传感器和执行器，可以实时获取设备的运行状态、生产数据等信息。这些数据不仅可以用于设备的实时监控，还可以帮助企业作出更精准的决策。例如，在生产线上，通过物联网技术可以实时监测每台设备的运行状态和生产数据，从而及时发现生产"瓶颈"和问题，优化生产流程，提高生产效率。物联网技术还可以实现设备的远程控制和管理。企业管理人员可以通过手机、平板或计算机等终端设备，随时随地查看和控制设备的运行状态，大大提高了管理的便捷性和灵活性。

2. 智能化远程操作管理

在机电一体化的产品被研制生产出来以后非常需要严格保证其远程控制功能的健全和其质量的是否合格，在远程控制产品的推广和使用的过程中，可以借助远程监控网络技术来有效地实现对工程机械产品的自动化控制和远程监视。如今机电一体化的很多产品都实现了计算机的远程控制，现场监控总线和移动局域网监控技术的广泛应用，为工程机械制造业网络化的发展提供了极大的便利。在其生产和操作过程中，只需要借助远程的操控就能够有效地实现工程机械的正常运作。

3. 预测性维护

预测性维护是物联网技术在机电一体化系统中的又一重要应用。在传统的维护模式中，设备往往是在出现故障后才进行维修，这不仅会影响生产效率，还会增加维修成本。而借助物联网技术，可以实现对设备运行数据的实时监测和分析，从而预测设备可能出现的故障，并提前采取措施进行维护。这种预测性维护的方式可以大大减少设备的停机时间和维修成本。例如，在风力发电领域，通过物联网技术可以实时监测风机的运行状态和数据，一旦发现异常或即将达到维护周期，就可以提前安排维护计划，避免因故障停机带来的损失。预测性维护还可以提高企业的运营效率和服务质量。通过提前预测和解决潜在问题，可以确保企业设备的稳定运行，从而为客户提供更可靠、更高效的服务。

4. 优化资源配置

物联网技术还有助于实现资源的优化配置。在传统的生产过程中，企业往往难以准确掌握每台设备的运行状态和生产数据，导致资源分配不合理和浪费。而通过物联网技术的实时监测和分析功能，企业可以精确了解每台设备的性能和需求，从而根据实际需求调整生产计划和资源配置。这种优化资源配置的方式不仅可以提高生产效率和资源利用率，还可以降低生产成本和能源消耗。例如，在智能制造领域，通过物联网技术可以实现生产线的自动化调度和优化配置。系统可以根据实时生产数据和设备状态自动调整生产计划和资源分配，确保生产的高效进行。

5. 提升安全性

安全性是机电一体化系统中不可忽视的重要方面。物联网技术的引入可以大幅提升系统的安全性。通过实时监测设备的运行状态和安全数据，系统可以及时发现潜在的安全隐患并采取措施进行防范。例如，在石油化工领域，物联网技术可以实时监测储罐的液位、温度和压力等关键参数。一旦发现异常或超标情况，系统可以立即发出警报并采取相应的安全措施，如关闭阀门、启动消防系统等，以确保生产过程的安全稳定。物联网技术还可被应用于设备的身份认证和访问控制等方面。通过智能化的身份识别和权限管理功能，可以确保只有经过授权的人员才能访问和操作设备，进一步增强了系统的安全性。

（二）远程故障诊断与维护技术的发展

1. 技术融合与创新

随着科技的飞速发展，远程故障诊断与维护技术正不断与其他先进技术进行融合和创新。这种技术融合不仅提升了远程故障诊断与维护的效率和准确性，还为企业带来了更高的商业价值。其中，人工智能和机器学习算法的应用是该领域的一大创新。通过结合这些先进技术，我们可以实现对设备故障的智能诊断和预测。系统能够自动学习设备的正常运行模式和故障特征，从而准确识别出异常情况，并及时发出预警。这不仅大大降低了人工巡检的成本，还提高了设备维护的响应速度和准确性。此外，虚拟现实（VR）技术和增强现实（AR）技术也为远程故障诊断与维护带来了新的可能性。通过这些技术，维修人员可以身临其境地模拟设备现场，进行远程维护和操作指导。这不仅提高了维护效率，还减少了人员往返现场的成本和时间。同时，VR和AR技术还可被应用于员工培训领域，通过模拟真实的设备环境和故障场景，提升员工的维修技能和应急处理能力。

2. 实时监测与预警

借助物联网技术，远程故障诊断与维护系统实现了对设备的实时监测和预警功能。通过在设备上安装传感器和监测装置，系统可以实时采集设备的运行状态和性能参数。一旦发现异常情况或潜在故障，系统会立即进行数据分析并发出预警，通知相关人员进行处理。这种实时监测和预警机制的优势在于其及时性和准确性。它可以帮助企业及时发现设备的潜在问题并采取相应的维护措施，从而避免设备故障对生产造成严重影响。同时，实时监测数据还可以为企业提供设备性能分析和优化建议，帮助企业更好地管理和维护设备。

3. 数据驱动决策

在大数据和云计算技术的支持下，远程故障诊断与维护系统能够收集、存储和分析海量的设备运行数据。这些数据不仅包括设备的实时运行状态和性能参数，还包括历史维护记录和故障信息等。通过对这些数据的深入挖掘和分析，企业可以更加准确地了解设备的运行状况和维护需求。数据驱动的决策模式为企业带来了诸多好处。首先，数据驱动的决策模式可以帮助企业优化维护计划，根据设备的实际运行情况和维护历史制定合理的维护策略。其次，通过对设备运行数据的长期跟踪和分析，企业可以预测设备的寿命和潜在故障点，从而提前采取相应的预防措施。最后，数据驱动的决策还可以帮助企业改进产品设计，提高产品的可靠性和耐用性。

4. 跨地域协作与专家支持

远程故障诊断与维护技术的另一个重要特点是它打破了地域限制，使得不同地区的专家可以实时协作进行故障诊断和解决方案的制定。这种跨地域协作和专家支持的模式大大提高了故障诊断的准确性和解决效率。通过互联网技术，专家们可以随时随地访问远程故障诊断与维护系统，查看设备的实时数据和历史记录。他们可以共同分析故障原因、讨论解决方案，并远程指导现场维修人员进行操作。这种协作模式不仅缩短了故障排查和修复的时间，还提高了维护工作的专业性和可靠性。跨地域协作也为企业带来了更多的资源共享机会。企业可以充分利用全球范围内的专家资源和技术优势，共同应对设备故障和维护挑战。这不仅提升了企业的维护能力，还加强了企业之间的合作与交流。

对未来轮机工程发展的一些思考

在探讨了机电一体化的未来发展趋势之后，这些技术变革将如何影响轮机工程的实际发展？本节中，我们将对未来轮机工程的发展进行一些深入的思考，从教育改革、产学研合作、技术多元化以及绿色环保理念等多个角度出发，探讨轮机工程在面对机电一体化浪潮时应该如何调整和优化自身的发展路径。这些思考不仅关乎轮机工程技术的提升，更涉及行业人才培养、创新体系建设以及可持续发展等多个层面。通过本节的探讨，我们期望能够为轮机工程的未来发展提供一些有益的启示和建议。

一、轮机工程教育的改革与创新

（一）培养具备创新能力的轮机工程人才

1. 实施启发式教学

为了培养创新能力，首先要从教学理念上进行转变。传统的填鸭式教学已经无法满足现代轮机工程教育的需求。在这种教学模式下，学生往往只是被动地接受知识，缺乏主动思考和探索的能力。因此，教师需要转向启发式教学，通过提出问题、引导学生思考、组织课堂讨论等方式，激发学生的学习兴趣和主动性。在启发式教学中，教师可以根据课程内容，设计具有启发性的问题，让学生在解决问题的过程中，主动探索知识，培养独立思考和解决问题的能力。同时，教师还可以在课堂上组织讨论，鼓励学生发表自己的观点和见解，通过交流和碰撞，激发学生的创新思维。

2. 鼓励学生提出问题

在轮机工程教育中，鼓励学生提出问题也是培养创新能力的重要环节。学生应该被鼓励去质疑现有的理论和观点，提出自己的疑问和看法。这样不仅能加深学生对教学内容的理解，还能培养他们的批判性思维和创新能力。为了鼓励学生提出问题，教师可以设立问题环节，让学生在课堂上自由提问，并针对问题进行解答和讨论。教师还可以引导学生对问题进行深入思考和探索，帮助他们形成独立思考和解决问题的能力。此外，教师还可以定期组织学术沙龙或研讨会等活动，为学生提供更多的交流和展示平台，激发他们的创新思维和创造力。

3. 加强实践教学环节

实践教学是培养创新能力的重要手段之一。在轮机工程教育中，加强实践教学环节，让学生亲身参与实际操作和实验，能够加深他们对理论知识的理解，并提高解决实际问题的能力。同时，实践教学还能培养学生的动手能力和团队协作精神，为他们的创新发展奠定基础。为了加强实践教学环节，学校可以加大对实验室和实习基地的投入，完善实验设备和实验条件。教师还可以设计具有创新性和探索性的实验项目，让学生在实践中发现问题、解决问题，从而培养他们的创新能力。此外，学校还可以与企业合作，建立校企合作实习基地，为学生提供更多的实践机会和职业发展平台。

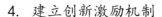

4．建立创新激励机制

为了激发学生的创新热情和积极性，学校可以建立创新激励机制，对在创新活动中有突出表现的学生进行表彰和奖励。这样不仅能增强学生的自信心和荣誉感，还能激发他们的创新思维和创造力。学校还应该积极营造创新氛围，为学生提供宽松、自由的学习环境。教师可以通过组织创新竞赛、科技活动等方式，引导学生积极参与创新实践，培养他们的创新意识和实践能力。此外，学校还可以邀请行业专家、学者来学校进行学术交流、开办讲座，让学生了解最新的科技动态和行业发展趋势，拓宽他们的视野和思路。

（二）加强实践与理论相结合的课程设置

1．理论与实践并重的课程设置理念

轮机工程专业的课程设置首先应遵循理论与实践并重的理念。理论知识是学生构建专业基础、理解专业原理的根基，而实践则是检验理论、提升学生动手能力和解决实际问题的重要途径。因此，在课程设置时，应确保理论课程与实践课程的平衡，使学生在掌握理论知识的同时，也能通过实践操作加深对知识的理解。

2．基础课程与专业课程的有机融合

基础课程，如数学、物理等，为轮机工程专业的学生提供了必要的科学素养和逻辑思维能力。而专业课程则更加聚焦于轮机工程的专业知识和技能。为了实现理论与实践的有机融合，可以在专业课程中穿插实践环节，如实验、课程设计等，让学生在学习专业知识的同时，能够通过实践操作来巩固和拓展理论知识。

3．工程实践课程的重要性

工程实践课程是轮机工程专业不可或缺的一部分。这类课程通常包括实习、实训、项目设计等，旨在让学生通过亲身参与工程项目的实施，了解轮机工程的实际运作情况，提升他们解决实际问题的能力。在工程实践课程中，学生可以将所学的理论知识应用于实际项目中，从而加深对知识的理解，并培养实际操作能力。为了提升工程实践课程的效果，学校可以与企业合作，建立实习基地，为学生提供真实的工程环境和实践机会。同时，教师还可以结合工程项目，引导学生进行课程设计，通过解决实际问题来提高学生的实践能力。

4. 综合素质课程的设置

除了专业课程和工程实践课程外，综合素质课程也是轮机工程专业教育中不可或缺的一部分。这类课程旨在提升学生的综合素质和行业适应能力，使他们能够更好地融入社会、适应行业发展。综合素质课程包括航海法规、航运业务、英语口语等，这些课程不仅能够拓宽学生的知识面，还能够提升他们的沟通能力和团队协作能力。为了增强综合素质课程的实用性，可以采用案例教学、模拟实训等教学方法，让学生在模拟的实际环境中学习和运用所学知识。此外，还可以邀请行业专家举办讲座或开设相关选修课，让学生了解行业的最新动态和发展趋势。

5. 实验课程的强化与创新

实验课程是轮机工程专业中理论与实践相结合的重要环节。通过实验，学生可以亲身验证理论知识的正确性，加深对知识的理解，并培养实验技能和创新能力。为了进一步加强实践教学环节，可以增加实验课程的种类和数量，如金相分析实验、材料性能及影响因素的综合实验等。在实验课程中，教师应注重培养学生的实验设计和操作能力，引导他们自主设计实验方案、进行实验操作，并分析实验结果。同时，教师还可以鼓励学生进行实验创新，探索新的实验方法和技术，培养他们的创新意识和实践能力。

（三）加强与企业的合作

1. 了解行业需求与调整教学计划

学校与企业的紧密合作，使得教育机构能够第一时间了解到行业的最新动态和人才需求。企业作为市场的主体，对于轮机工程人才应具备的技能和素质有着最直接、最实际的要求。通过与企业的交流，学校可以及时调整教学计划，确保所教授的知识和技能与行业需求相匹配。例如，随着轮机技术的不断进步，现代轮机工程人才不仅需要掌握传统的机械工程知识，还需要对自动化、智能化等前沿技术有所了解。通过与企业的合作，学校可以及时将这些新技术、新知识纳入教学体系中，从而培养出更符合市场需求的人才。

2. 提供实践机会与就业岗位

校企合作模式为学生提供了宝贵的实践机会。在企业实习期间，学生可以在真实的工作环境中应用所学知识，提升实际操作能力，这对于他们未来的职业发展具有重要意义。同时，表现优秀的学生还有机会直接留在企业工作，

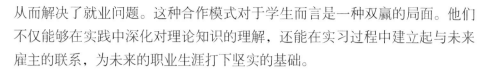

从而解决了就业问题。这种合作模式对于学生而言是一种双赢的局面。他们不仅能够在实践中深化对理论知识的理解，还能在实习过程中建立起与未来雇主的联系，为未来的职业生涯打下坚实的基础。

3. 产学研基地的建设与发展

产学研基地是校企合作的一种重要形式。通过与企业共同建立产学研基地，学校可以获得更多的教育资源和实践平台，而企业也能借助学校的科研力量进行技术创新和产品开发。这种合作模式有效地促进了教育与产业的融合发展。在产学研基地中，学生可以参与实际的项目开发中，与企业导师和学校教师共同解决实际问题。这种实践经历不仅能提高学生的专业技能，还能培养他们的团队协作精神和创新能力。同时，产学研基地还为学生提供了与企业直接接触的机会，有助于他们更好地了解企业文化和工作环境。

4. 及时掌握新技术与新工艺

轮机工程领域的技术更新迅速，新技术、新工艺层出不穷。通过与企业的合作，学校可以及时了解并掌握这些最新的技术动态。企业作为技术创新的主体，往往能够第一时间接触到最新的技术成果和市场趋势。通过与企业的信息交流，学校可以及时调整教学内容和方法，确保教育的时效性和前瞻性。学校还可以邀请企业专家来学校举办讲座或开设相关课程，让学生直接了解到行业的最新发展和技术应用。这种教学方式不仅能够激发学生的学习兴趣和热情，还能帮助他们建立起与行业前沿的联系。

5. 促进学生全面发展与提升综合素质

校企合作不仅有助于学生的专业技能提升，还能促进他们的全面发展。在企业实习期间，学生需要面对各种实际问题和挑战，这能锻炼他们解决问题的能力，培养他们的责任心和提高抗压能力。与企业的合作还能提升学生的职业素养和综合素质。在企业文化的熏陶下，学生能够更好地了解职场规则、团队协作的重要性以及沟通技巧等。这些经验对于他们未来的职业发展具有重要的指导意义。

二、产学研用更紧密结合的模式探索

（一）企业与高校、科研院所的合作模式创新

在产学研用更紧密结合的模式探索中，企业与高校、科研院所之间的合

作模式创新显得尤为关键，这种创新不仅是简单地搭建一座桥梁，更是为了推动科技、教育与经济之间的深度融合，以促进国家整体科技实力的提升。

1. 成果转让模式

成果转让模式是一种相对直接的合作方式。在这种模式下，高校或科研院所会将其研发出的科技成果，如新技术、新产品、新工艺等，有偿转让给企业。企业接手后，会进一步投入生产资源，将这些科技成果转化为实际的生产能力。然而，这种模式的成功率相对较低。这主要是因为在科技成果的转让过程中，往往涉及技术匹配、市场接受度、转化成本等多方面的问题。因此，要想提高这种模式的成功率，双方必须进行深入的沟通和合作，确保科技成果能够顺利转化为实际生产力。为了提高成果转让模式的成功率，高校和科研院所可以在研发阶段就更多地考虑市场需求和商业化前景，而企业则可以更早地介入研发过程，提供市场反馈和资金支持。同时，政府和相关机构也可以提供政策支持和资金引导，降低转化风险，提高转化效率。

2. 技术开发模式

技术开发模式是一种更为紧密的合作方式。在这种模式下，企业与高校、科研院所会共同投入资源进行科技开发。这种合作具体可以分为合作开发和委托开发两种形式。合作开发是指双方共同选定一个研发项目，然后共同投入资源进行科研攻关。这种方式能够充分发挥双方的优势，实现资源共享和风险共担。而委托开发则是企业根据自身需求，委托高校或科研院所进行特定的研究开发。这种方式更为灵活，能够根据企业实际需求进行定制化研发。技术开发模式将学术研究与市场需求紧密结合，有效地缩短了科技成果从研发到应用的周期，有助于科技成果的快速转化。同时，这种合作模式还能够促进企业与高校、科研院所之间的深度交流和合作，推动科技创新和产业升级。

3. 人才培养模式

人才培养模式是一种长远而持续的合作方式。在这种模式下，高校、科研院所与企业会共同合作培养人才。例如，高校可以设立以企业命名的定制班，根据企业的实际需求来设置课程和培养计划，为企业输送定制化的人才。同时，企业也可以设立科研院所学生实习基地，为学生提供实践机会和就业渠道。这种合作模式不仅有助于双方交流知识、技能和经验，还能够为企业建立针对性强的人才培养机制。通过这种方式培养出来的人才，既具备扎实的理论知识基础，又拥有丰富的实践经验，能够更好地适应企业发展和市场需求。

4. 工业研究院模式

工业研究院模式是一种更高层次的合作模式。在这种模式下，高校与企业会共同资助和管理一个研究院或实验室，专注于科学研究和技术开发。这种合作模式适用于科技实力雄厚的高校和技术导向型企业之间的合作。通过设立工业研究院，双方可以共享资源、共担风险、共同研发，推动科技创新和产业升级。工业研究院模式的优势在于其能够集中双方的优势资源，进行高水平的科研攻关和技术创新。同时，这种合作模式还能够促进产学研用的深度融合，推动科技成果的转化和应用。然而，这种模式的实施难度也相对较大，需要双方具备较高的合作意愿和实力水平。

5. 创新中心模式

创新中心模式是一种在高校内部设立的创新平台。在这种模式下，高校会设立一个创新中心，吸引企业参与合作，共同开展科研和创新活动。创新中心通常具备先进的研发设施和优秀的科研团队，能够为企业提供强大的技术支持和创新资源。通过创新中心模式，高校和企业可以更加紧密合作，共同推动科技创新和成果转化。这种合作模式有助于加速科研成果的转化和应用，推动产学研用的深度融合。创新中心还能够为企业提供更多的创新机会和资源，促进企业的技术创新和产业升级。

（二）科技成果转化为生产力的路径与机制

1. 政府主导作用

政府在科技成果转化过程中发挥着举足轻重的作用。政府通过建立科技成果转化的政策和制度，为学术成果与市场之间的有效对接提供了有力保障。这些政策不仅具有前瞻性，能够预见未来科技发展的趋势，还具有针对性和实效性，能够精准地引导和支持技术转移、技术创新等活动。为了促进学术成果的商业性应用，政府可以制定一系列的科技计划和政策。例如，设立科技成果转化专项资金，对具有市场前景的科技成果进行重点支持；建立科技成果转化服务平台，提供技术评估、市场对接、融资支持等全方位服务；推动高校、科研院所与企业之间的深度合作，促进科技成果的共享和转化。政府还可以通过税收优惠、金融扶持等手段，降低科技成果转化的风险和成本，激发企业和科研人员的创新热情和积极性。这些政策的实施，不仅有助于推动科技成果的转化和应用，还能促进产业结构的优化升级和经济的持续发展。

2. 成立科技孵化器

科技孵化器在科技成果转化过程中扮演着重要角色。孵化器作为一种支持创新、帮助初创企业和科研机构成长发展的机构，通过提供一系列的服务和资源，帮助创新项目从概念走向市场。在孵化器的支持下，创新机构和企业得以聚拢在一起，形成一个集研发、测试、市场推广等功能于一体的创新生态系统。这种生态系统不仅提供了与市场相适应的研发平台，还通过资源整合和共享，提高了科技成果的转化效率。孵化器通常具备专业的导师团队、完善的硬件设施和丰富的行业资源，能够为入驻企业提供全方位的支持和服务。例如，孵化器可以帮助企业进行市场调研和商业模式设计，提供法律咨询和知识产权保护等服务，还可以为企业对接投资机构和合作伙伴，推动企业快速成长和发展。

3. 明确转化路径

科技成果转化的路径选择至关重要。科技成果转化的路径主要有两个方向：一是将科技成果转换为能够直接落地的产品或服务；二是将科技成果转换为能够直接应用于产业领域的技术。要想实现这一目标，首先，需要有清晰的目标定位。科研人员和企业需要明确科技成果的市场需求和商业化前景，以便制定出切实可行的转化策略。其次，正确的选择也是关键。在选择转化路径时，应充分考虑科技成果的特点、市场需求、竞争态势等因素，选择最适合的转化方式。最后，恰当的策略实施也是必不可少的。这包括制定合理的研发计划、市场推广策略、融资方案等，以确保科技成果能够顺利转化为生产力。

4. 加强信息共享和沟通

信息共享和沟通在科技成果转化过程中具有举足轻重的作用。高校与企业之间需要建立起畅通的信息交流渠道，以便更好地了解彼此的需求和研究方向。通过信息共享，高校可以及时了解企业的技术需求和市场动态，从而调整研究方向和重点。同时，企业也可以获取高校最新的科研成果和技术进展，为自身的创新发展提供有力支持。这种双向的信息交流不仅有助于促进产学研用的深度融合，还能推动科技成果的快速转化和应用。为了实现有效的信息共享和沟通，双方可以定期举办技术交流会、产学研对接会等活动，搭建起一个开放、互动的交流平台。此外，还可以利用现代信息技术手段，如建立在线协作平台、使用即时通信工具等，提高信息交流的效率性和便捷性。

5. 建立长期稳定的合作关系

科技成果的转化往往需要一个长期的过程，因此建立长期稳定的合作关系对于推动科技成果的转化至关重要。高校、科研院所与企业之间可以通过签订合作协议、设立合作基金等方式明确合作的目标和责任，为合作关系提供法律和经济上的保障。在这种合作关系中，双方可以共同投入资源、共享风险与收益，形成紧密的利益共同体。这不仅有助于推动科研成果的持续转化和应用，还能促进双方技术水平的提升和产业升级。同时，长期稳定的合作关系也有助于培养双方的信任感和责任感，为未来的深入合作奠定坚实基础。

三、轮机工程技术的多元化发展

（一）新型动力系统的研究与应用

1. 高效绿色智能发动机的研究与开发

随着全球环保意识的不断增强，传统的船舶发动机因其能耗高、污染重等问题而饱受诟病。为了解决这些问题，研究者们开始致力于开发高效绿色智能发动机，旨在提高船舶的燃油经济性和整体性能。在这一领域，中国的潜艇工程中心取得了令人瞩目的成果。他们成功研制出了 RS-68 氢氧火箭发动机，这一成果不仅代表了我国在船舶发动机研发方面的雄厚实力，更体现了对高效、绿色、智能发动机技术的不懈追求。RS-68 氢氧火箭发动机的设计理念充分体现了高效与绿色的结合。通过采用先进的燃烧技术和智能控制系统，该发动机能够在保证高性能的同时，显著降低燃油消耗和有害气体排放。其智能化的特点还使得发动机能够根据航行条件和负载情况自动调整运行状态，以达到最佳的燃油经济性和动力输出。高效绿色智能发动机的研发不仅提升了船舶的性能，更为船舶行业的可持续发展提供了有力支持。这类发动机的应用将有助于减少能源消耗和环境污染，为全球航运业的绿色发展贡献力量。

2. 动力系统节能技术的探索与应用

船舶轮机动力系统作为船舶的核心部分，其性能直接影响到船舶的航行效率和燃油经济性。动力系统节能技术的研究与应用成为轮机工程技术领域的又一热点，为了实现动力系统的节能目标，研究者们从多个方面入手进行了深入探索。高效率的动力装置是节能的关键，通过优化动力装置的设计和提高其热效率，可以显著降低船舶在航行过程中的能耗。采用先进的燃料管理系统也是实现节能的重要手段。这类系统能够根据船舶的航行状态和负载情况实时调整燃料的供应量和喷射方式，以确保燃料的高效利用。气动改进措施也是动力系统节能技术的重要组成部分，通过对船舶气动布局的优化和改进，可以减少航行过程中的空气阻力，从而降低能耗，研究者们还在探索利用新型材料和技术来进一步提高气动效率的可能性。动力系统节能技术的应用有助于减少燃料消耗和排放，提高船舶的整体性能和经济效益，在全球航运业面临日益严峻的环保压力下，这些技术的推广和应用显得尤为重要。

3. 新型动力系统的应用前景与挑战

尽管研究者们在实验室环境下取得了许多令人瞩目的成果，但新型动力系统的技术在实际航行中的表现仍需进一步验证和完善，新型动力系统的成本问题也是制约其应用的重要因素之一。由于采用了先进的技术和材料，这些系统的制造成本往往较高，从而增加了船舶的建造成本和运营成本。为了克服这些挑战并推动新型动力系统的广泛应用，政府、企业和研究机构需要加强合作与投入。政府可以通过提供政策支持和资金扶持来推动相关技术的研发和应用；企业则可以积极参与新型动力系统的研发和推广工作，通过技术创新来降低制造成本并提高系统性能；研究机构则可以继续深入探索新型动力系统的相关技术和应用前景，为行业的可持续发展提供有力支持。

总之，在轮机工程技术领域，新型动力系统的研究与应用正成为推动行业发展的关键力量。尽管在实际应用过程中还面临着诸多挑战，但随着技术的不断进步和成本的逐渐降低，相信这些技术将在未来得到更广泛的应用和推广。

（二）智能化控制技术的提升

1. 自动化生产的进步与实践

自动化生产是智能化控制技术的组成部分，代表着现代制造业的发展方向。随着自动化技术的不断突破，轮机生产线的自动化控制已经由理想变为现实。这种自动化生产线涵盖了从零部件生产、装配到测试和调整的整个过程，极大地提高了生产效率，显著降低了人为操作误差。在自动化生产线上，精密的机械臂和自动化设备取代了传统的人工操作，不仅提高了生产速度，还保证了产品质量的稳定性和一致性。此外，自动化生产线还具备高度的灵活性和可扩展性，可以根据生产需求进行快速调整和优化。自动化生产的实现，离不开先进的控制系统和传感器技术。这些技术能够实时监控生产过程中的各项参数，确保生产流程的精确执行。同时，通过与企业管理系统的无缝对接，自动化生产线还能够实现生产数据的实时采集和分析，为企业的决策提供有力支持。

2. 预测性维护的应用与价值

预测性维护是智能化控制技术的又一重要应用。通过在设备上安装传感器并应用物联网技术，企业可以实时监测设备的运行状态，及时发现潜在故障并进行预测性维护。这种维护方式颠覆了传统的定期维护模式，使得维护工作更加精准和高效。预测性维护的实施，首先需要建立一个完善的设备监测系统。通过安装在设备上的传感器，实时监测设备的温度、振动、压力等关键参数。这些数据被实时传输到中央控制系统进行分析和处理，从而及时发现设备的异常情况。基于这些数据，企业可以制订更有效的维护计划，避免突发故障并减少设备的停机时间。这不仅可以提高设备的使用寿命，还能够降低维护成本，提高企业的经济效益。同时，预测性维护还有助于提升企业的生产安全和产品质量，为企业的可持续发展提供有力保障。

3. 数据驱动的优化与实现

在智能化控制技术中，数据驱动的优化正发挥着越来越重要的作用。通过收集和分析轮机运行过程中的大量数据，企业可以更加深入地了解设备的性能状态和运行效率，从而进行有针对性的优化。数据驱动的优化首先需要对设备的运行数据、环境数据以及维护数据等进行有效地采集和存储。然后，利用先进的数据分析技术对这些数据进行处理和分析，提取出有价值的信息。基于这些数据和分析结果，企业可以对轮机的性能和效率进行优化。例如，通过调整设备的运行参数和改进工艺流程，可以提高设备的运行效率和产品质量。同时，数据驱动的优化还可以帮助企业发现生产过程中的瓶颈和问题，为企业的持续改进提供有力支持。

4. 智能化控制技术的未来展望

智能化控制技术在轮机工程技术中推动自动化生产，将更加智能化和柔性化。智能化具备更高的自适应能力和学习能力，能够根据生产需求进行自动调整和优化，柔性化生产也将成为未来发展的重要方向，以满足市场需求的多样性和个性化。预测性维护将更加精准和高效，随着传感器技术和数据分析技术的不断进步，预测性维护的准确性和效率将进一步提高，预测性维护将更加注重设备的整体性能和寿命周期管理，为企业提供更加全面和可靠的维护服务。数据驱动的优化将更加深入和广泛。随着大数据和云计算技术的不断发展，数据驱动的优化将在更多的领域得到应用。通过深入挖掘和分析数据中的价值信息，企业将能够更加精准地把握市场需求和突破生产"瓶颈"，为企业的战略决策提供有力支持。同时，数据驱动的优化还将促进轮机工程技术的持续创新和发展，推动整个行业的进步和繁荣。

（三）新材料的应用前景

1. 新材料的独特性能

新材料之所以能在轮机工程中得到广泛应用，主要得益于它们所具备的一系列优异性能。新材料通常具有高强度、轻质、耐腐蚀等特点，这使得轮机在面对极端环境和复杂工况时能够表现出更高的稳定性和耐用性。新材料的高强度性能不仅使得轮机能够在承受更大载荷的同时保持结构的完整性，还有助于提升轮机的整体性能。此外，新材料的轻质特性也具有重要意义。轻质材料能够显著降低轮机的整体重量，从而提高其运行效率和响应速度。新材料的耐腐蚀性也是一个不可忽视的优点。在海洋等腐蚀环境中，耐腐蚀材料能够有效延长轮机的使用寿命，减少维护成本。

2. 新材料在轮机工程中的应用实例

新材料在轮机工程中的应用已经渗透到多个方面。例如，在轮机叶片的制造中，采用高强度、轻质的复合材料可以显著提升叶片的性能和寿命。这些复合材料不仅具有优异的机械性能，还能够在恶劣环境下保持稳定，从而确保轮机的安全高效运行。新材料在轮机密封件、轴承以及关键连接部件等方面也发挥着重要作用。比如，采用特种合金或高分子材料制成的密封件和轴承，能够在高温、高速等极端条件下保持良好的工作性能，有效降低轮机的故障率。

3. 新材料对轮机工程技术的影响

新材料的广泛应用不仅提升了轮机的性能和耐久性，还对轮机工程技术产生了深远的影响。新材料的引入推动了轮机设计理念的更新，设计师们开始更加注重材料的性能和特点，力求通过合理的材料选择来实现轮机性能的最大化。新材料的应用也促进了轮机制造技术的创新，为了充分发挥新材料的优势，制造商们需要不断研发新的加工工艺和制造技术，以确保新材料在

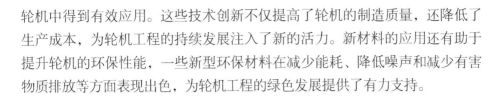

轮机中得到有效应用。这些技术创新不仅提高了轮机的制造质量，还降低了生产成本，为轮机工程的持续发展注入了新的活力。新材料的应用还有助于提升轮机的环保性能，一些新型环保材料在减少能耗、降低噪声和减少有害物质排放等方面表现出色，为轮机工程的绿色发展提供了有力支持。

（四）轮机设备安全设计和操作规范制定

轮机设备作为船舶、发电厂等复杂系统中的重要组成部分，其安全性至关重要，为确保轮机设备的安全运行，需要从设计、操作、人员培训、设备维护及应急预案等多个方面进行全面的管理和规范。

1. 安全设计原则

轮机设备的安全设计是确保其安全运行的基石。在设计阶段，必须遵循国际、国家和行业的安全标准，充分考虑设备在使用过程中可能遇到的各种风险因素。首先，设计团队应具备深厚的专业知识和丰富的实践经验，以确保设计方案的合理性和可行性。设计时要考虑设备的结构强度、稳定性及耐腐蚀性，以确保设备在恶劣环境下也能正常运行。其次，应采用先进的安全技术措施，如安装自动控制系统、设置安全阀和报警装置等，以提高设备的自动化水平和安全保障能力。最后，在设计过程中还应注重人机交互的友好性，使操作人员能够轻松掌握设备的使用方法，降低人为操作失误的风险。

2. 操作规范制定

操作规范可以确保轮机设备的安全运行，在制定操作规范时，首先应详细阐述设备的启动、运行、停车以及紧急情况下的应对措施等步骤和注意事项，操作规范应具有明确性、具体性和可操作性，以便操作人员能够轻松理解和执行。要明确设备的操作流程和步骤，包括启动前的检查、运行中的监控以及停车后的维护等环节。其次，要规定操作人员在紧急情况下的应对措施，如设备故障、突然停电等突发事件的处理方法。操作规范还应包括对设备安全保护装置的使用方法和注意事项的说明，以确保操作人员在遇到危险时能够及时采取措施保护设备和人身安全。

3. 人员培训与考核

提高操作人员的技能水平和安全意识是确保轮机设备安全运行的重要环节。企业应定期对操作人员进行安全培训和考核，使他们熟悉设备的性能、操作规程以及应急处理方法。培训内容应包括设备的基本知识、操作流程、安全注意事项以及应急处理措施等。在培训过程中，要注重理论与实践相结合，通过案例分析、模拟演练等方式提高操作人员的实际操作能力和应对突发事件的能力。同时，要强化操作人员的安全意识，使他们充分认识到安全操作的重要性，提高他们对潜在风险的识别和应对能力。考核是检验培训效果的重要手段，企业应制定科学的考核机制，对操作人员的理论知识和实际操作能力进行全面评估。对于考核不合格的人员，应进行针对性的再培训和考核，直至其达到岗位要求为止。

4. 设备维护与检查

轮机设备的维护与检查是确保其长期安全运行的重要保障。首先，企业应建立严格的设备维护和检查制度，定期对设备进行全面的检查、保养和维修。要制订详细的维护计划，明确维护周期、维护内容以及维护人员等要素。在维护过程中，要注重对设备的清洁、润滑、紧固等基础工作，确保设备的正常运行状态。其次，要定期对设备进行全面检查，及时发现并处理潜在的安全隐患。对于发现的故障和问题，要立即采取措施进行维修和更换部件，防止事故发生。最后，企业还应建立设备维修档案，记录设备的维修历史、更换部件等信息，以便对设备的运行状态进行全面跟踪和分析。

5. 应急预案制定

为了应对可能出现的紧急情况或事故，企业应制定完善的应急预案。预案应包括事故报告、现场处置、人员疏散、医疗救护等环节，确保在紧急情况下能够迅速、有效地应对。要明确应急组织机构和人员职责分工，确保在紧急情况下能够迅速组织起有效的救援力量。要制定详细的事故报告和现场处置流程，以便在事故发生时能够及时向上级部门报告并采取相应的处置措施。此外，预案中还应包括人员疏散和医疗救护方案等关键内容，最大程度地减少人员伤亡和财产损失。

四、绿色环保理念的深入实践

（一）节能减排和可持续发展

1. 全球能源消耗与环境污染的挑战

随着全球经济的快速发展和人口的持续增加，能源消耗的速度和总量也在不断上升。传统的化石能源（如煤、石油和天然气等）在燃烧过程中产生了大量的二氧化碳和其他温室气体，加剧了全球气候变暖的趋势。同时，随着能源消耗的增长，各种工业废气和污染物的排放也对环境造成了严重的影响，如空气污染、水质恶化、土壤退化等。

2. 节能减排的重要性

面对全球能源消耗和环境污染的严峻挑战，节能减排显得尤为重要。节能减排不仅是为了应对当前的环境问题，更是为了保障地球生态的可持续性和人类未来的生存空间。通过提高能源利用效率、推广清洁能源、优化产业结构等方式，我们可以有效降低能源消耗和减少污染物的排放，从而减缓气候变暖的速度，保护生态环境。

3. 政府与企业的共同努力

为了实现节能减排的目标，各国政府和企业都在积极采取行动。政府方面，通过制定严格的环保法规和标准，引导企业减少污染物的排放，同时加大对清洁能源和环保技术的研发支持力度。此外，政府还通过宣传教育、税收优惠等手段，增强公众的环保意识，鼓励大家积极参与节能减排行动。企业方面，越来越多的企业开始意识到环保的重要性，并主动承担社会责任。他们通过引入先进的环保技术和设备，提高生产过程中的能源利用效率来减少废弃物的产生和排放，一些企业还积极开发清洁能源产品，如太阳能、风能等，以替代传统的化石能源。

4. 节能减排与可持续发展的相互促进

节能减排和可持续发展是相辅相成的。通过节能减排可以降低对环境的压力，为可持续发展创造更好的条件；可持续发展又要求我们必须坚持节能减排的理念和实践，以实现经济、社会和环境的协调发展。在推动节能减排的过程中，我们还需要关注产业升级和技术创新。随着科技的不断进步，越来越多的高效、环保技术被开发出来并应用到实际生产中。这些技术的应用不仅可以提高生产效率和质量，还可以有效降低能源消耗和污染物排放，推动产业的绿色转型和升级。我们也需要加强国际合作与交流，共同应对全球环境问题。气候变化和环境污染是全球性挑战，需要各国携手应对。通过分享经验、加强技术研发与合作、推动全球环境治理体系的完善等方式，我们可以共同推动全球可持续发展的进程。

（二）绿色环保技术的研发和应用

1. 绿色环保技术的研发

随着全球环境问题的日益突出，绿色环保技术的研发受到了前所未有的重视。各国政府、科研机构和企业纷纷投入巨资，致力于开发更加高效、环保的技术解决方案。这些研发活动不仅涉及能源、交通、建筑等传统领域，还拓展到了新材料、生物医药等高科技领域。在能源领域，太阳能技术的研发是一个典型的例子。通过持续的技术创新，太阳能电池的转换效率不断提高，使得太阳能成为一种越来越可靠的清洁能源。此外，风能、水能等可再生能源的研发也在不断深入，为未来的能源结构转型提供了有力支持。

2. 绿色环保技术的应用

绿色环保技术的应用是研发成果的最终体现，也是实现环境保护和经济发展的重要手段。近年来，我们已经看到了许多绿色环保技术在各个领域的应用实例。以碳捕捉技术为例，这种技术能够有效减少温室气体的排放，对于应对气候变化具有重要意义。通过在工业生产过程中安装碳捕捉装置，可以将产生的二氧化碳等温室气体进行捕集和处理，从而降低其对大气环境的影响。这种技术的应用不仅有助于企业实现减排目标，还可以为未来的碳交易市场提供支撑。绿色建筑是另一个绿色环保技术应用的典型领域。随着人们对建筑环保性能的要求越来越高，绿色建筑已成为一种新的建筑趋势。这些建筑采用环保材料和技术来降低能耗、减少废弃物排放，并提高室内环境质量。绿色建筑不仅有助于保护环境，还可以为人们提供更加健康、舒适的生活和工作环境。绿色环保技术在交通、农业、垃圾处理等领域也得到了广泛应用。例如，电动汽车和混合动力汽车的推广使用，有效减少了交通领域的碳排放；生态农业技术的发展，在提高了农业生产效率的同时还降低了环境污染；垃圾分类和资源化利用技术的应用，实现了废物的减量化和资源化。

3. 绿色环保技术的经济效益

绿色环保技术不仅有助于环境保护，还为企业和个人带来了显著的经济效益。绿色环保技术可以提高能源和资源利用效率，从而降低生产成本。例如，节能型设备和生产工艺可以减少能源消耗，提高生产效率；再利用和再循环技术可以降低原材料消耗，节约生产成本。绿色环保技术可以为企业创造新的市场机会和竞争优势。随着消费者对环保产品的需求不断增加，企业可以通过开发和应用绿色环保技术来满足市场需求，提升品牌形象和市场竞争力。这些技术还可以帮助企业达到环保法规要求，避免因违规行为而面临的罚款和声誉损失。对于个人而言，绿色环保技术也可以带来实实在在的好处。例如，节能型家电和绿色建筑可以降低家庭能源消耗和费用支出；电动汽车可以减少燃油消耗和尾气排放，提高空气质量和生活环境。

4. 展望未来

展望未来，绿色环保技术的研发和应用将继续深入发展。随着科技的不断进步和创新能力的增强，我们有理由相信未来会出现更多高效、环保的技术解决方案。政府、企业和公众对环保问题的重视程度也将不断提高，为绿色环保技术的发展提供更加有力的支持和保障。在这个过程中，我们需要加强产学研合作，推动绿色环保技术的研发成果转化和应用推广。同时，还需要加强环保宣传教育，增强公众的环保意识和参与度。只有这样，我们才能真正实现经济、社会和环境的协调发展，为未来的可持续发展奠定坚实基础。

（三）更加环保的燃料和动力系统研究

1. 电动汽车的发展与优势

电动汽车（EV）作为新能源汽车的代表，近年来得到了快速发展。电动汽车使用电池作为能源，通过电动机驱动车辆行驶，从而实现零排放。相较于传统燃油汽车，电动汽车具有显著的优势。电动汽车在行驶过程中不会排放有害气体，有助于提高空气质量；电动汽车的能源成本较低，可以为用户节省燃油费用。随着电池技术的不断进步，电动汽车的续航里程也在逐步提高，使得其在实际应用中更加便捷。电动汽车的发展也面临着如充电设施建设不足、电池回收等问题。为了解决这些问题，政府和企业需要加大投入，在加快充电设施建设步伐的同时，推动电池回收和再利用技术的发展。

2. 混合动力汽车的技术特点

混合动力汽车（HEV）是另一种重要的新能源汽车类型。它结合了传统燃油发动机和电动机的优点，既能在长途行驶中提供稳定的动力输出，又能在城市短途行驶中实现零排放。混合动力汽车的技术特点在于其能源管理系统的智能性，它能够根据行驶需求和电池电量自动切换燃油发动机和电动机的工作模式，从而达到最佳的燃油经济性和环保性能。混合动力汽车的发展也面临一些技术上的挑战，如：如何进一步提高能源利用效率、优化能源管理系统等。科研人员正在不断探索新的技术路径，以期在保持车辆性能的同时降低碳排放。

3. 燃料电池技术的研究进展

燃料电池技术是一种将氢气和氧气通过化学反应转化为电能的技术。这种技术的最大优势在于其排放物仅为水蒸气，实现了真正的零排放。同时，燃料电池具有较高的能量转换效率，能够为汽车提供稳定的动力输出。燃料电池技术的商业化应用仍面临一些难题，如氢气的储存和运输问题、燃料电池的成本问题等。为了推动燃料电池技术的发展，政府和企业需要加大研发投入，探索更加高效的氢气储存和运输方式，同时降低燃料电池的生产成本。

4. 环保燃料和动力系统的应用前景

随着环保意识的不断增强和技术的不断进步，环保燃料和动力系统的应用前景十分广阔。首先，在政策层面，各国政府都在积极推动新能源汽车的发展，为环保燃料和动力系统的应用提供了有力的政策支持；其次，在市场层面，随着消费者对环保问题的关注度不断提高，新能源汽车的市场需求也在逐步增长；最后，在技术层面，随着电池技术、燃料电池技术等关键技术的不断突破，环保燃料和动力系统的性能也在不断提升。我们可以预见的是，环保燃料和动力系统将在交通领域发挥越来越重要的作用。电动汽车、混合动力汽车和燃料电池汽车等新能源汽车将逐步替代传统燃油汽车，成为市场上的主流产品。同时，随着技术的不断进步和成本的不断降低，新能源汽车的续航里程、性能和价格等方面也将更加符合消费者的需求。

（四）开发高效的废气处理技术

1. 废气处理技术的迫切性与重要性

我们必须清醒地认识到，废气处理不仅是一个技术问题，更是一个关乎人类未来和地球生态的重大课题。在众多的环境问题中，空气污染因其直接影响人们的呼吸和日常生活而备受关注。工业废气和交通尾气中的有害物质（如二氧化硫、氮氧化物、颗粒物等）不仅会导致酸雨、温室效应等环境问题，还会严重损害人体的呼吸系统。因此，开发高效的废气处理技术，对于减轻环境压力、保障人类健康具有不可替代的作用。

2. 现有的废气处理方法及其效果

目前已经涌现出多种废气处理方法。①活性炭吸附技术，利用活性炭具有的高吸附性能，能有效地吸附废气中的有毒有害物质，从而达到净化废气的目的，这种技术操作简便，效果显著，已被广泛应用于各种工业生产过程中。②喷淋吸附是一种有效的废气处理方法，通过喷洒特定的吸收液，将废气中的有害成分溶解或反应掉，从而实现废气的净化，特别适用于处理含有酸性或碱性气体的废气，能够大大降低废气的腐蚀性，减少对环境和设备的损害。③光催化分解技术则是一种新型的废气处理技术，利用光能激发催化剂，使废气中的有害物质在催化剂表面发生氧化还原反应，最终分解为无害物质，具有能耗低、无二次污染等优点，是未来废气处理领域的研究热点。

3. 先进的废气处理系统及其优势

随着科技的进步，一些先进的废气处理系统开始配备中央控制监测系统。这种系统不仅能够实时监测废气处理过程中的各种参数，如温度、压力、流量等，还能自动调整处理工艺，确保废气处理效果达到最佳。更重要的是，中央控制监测系统能够实时记录并报告废气处理效果，确保排放的废气达到国家环保标准。这种系统的出现，极大地提高了废气处理的效率和效果。它不仅能够帮助企业及时了解废气处理设备的运行状况，还能在设备出现故障时及时发出警报，减少因设备故障而导致的废气处理效果不佳。同时，通过中央控制监测系统，企业可以更加精确地控制废气处理过程中的各种参数，从而达到更好的处理效果。

4. 废气处理技术的经济效益与社会效益

高效的废气处理技术不仅提高了环境治理水平，还为企业带来了更好的环保形象和经济效益。通过采用先进的废气处理技术，企业可以大大降低有害物质的排放，减少对环境的污染，从而树立良好的环保形象，这不仅有利于提升企业的社会责任感，还能吸引更多环保意识强的消费者和客户。废气处理技术的应用还能为企业带来经济效益，通过减少有害物质的排放，企业可以减少因环境污染而可能面临的罚款和赔偿；废气处理过程中产生的某些副产物，如活性炭吸附后的再生炭、光催化分解后产生的无害物质等，有可能被回收利用，从而为企业创造额外的收益。

5. 未来的废气处理技术展望

现有的废气处理技术已经取得了显著的成效，但随着科技的进步和环保要求的提高，以及未来的废气处理技术仍有待进一步发展和完善。例如，研究人员正在探索更加高效、低成本的催化剂材料，以提高光催化降解技术的效率；也在研究如何利用生物技术处理废气中的有害物质，以实现更加环保和可持续的废气处理方式。随着物联网、大数据和人工智能等技术的快速发展，未来的废气处理系统有望更加智能化和自动化。通过实时监测、数据分析和智能控制，企业可以更加精确地管理废气处理过程，从而提高处理效率，降低运营成本。

五、数字化与智能化转型

（一）数字化转型

1. 数字化转型的深层次意义

在数字化下，企业逐渐认识到单纯的 IT 技术更新已不足以应对日益复杂多变的市场环境。数字化转型的核心在于对组织活动、流程、业务模式和员工能力的全面重新定义，企业需要从战略高度重新审视自身的运营方式，将数字化思维融入每一个角落，实现由内而外的蜕变。数字化转型是一场涉及企业文化、组织结构、业务流程等多个方面的综合性改革，要求企业具备前瞻性的战略规划，更需要强有力的执行力和创新精神。通过这一过程，企业能够打破传统模式的束缚，探索出更加符合时代需求的发展道路，数字化转型已成为全球企业共同关注的焦点。以国家发展改革委发布的"数字化转型伙伴行动"为例，该倡议旨在构建政府引导、平台赋能、龙头引领、机构支撑、多元服务的联合推进机制，以带动中小微企业的数字化转型。这一行动不仅彰显了政府对数字化转型的高度重视，更为广大企业提供了宝贵的政策支持和方向指引。除政府层面的推动外，各地企业也在积极探索数字化转型的最佳实践。例如，湖南省工信厅公布的制造业数字化转型重点项目名单就是其中的佼佼者。这些项目涵盖了数字化改造、网络化协同和智能化升级等多个方面，旨在通过数字化转型提升制造业的核心竞争力。这些成功案例不仅为其他企业提供了可借鉴的经验，更激发了整个行业对数字化转型的热情和信心。

2. 数字化转型的关键要素

要想实现成功的数字化转型，企业必须把握住系统性思考，从整体出发，对现有的业务流程进行全面梳理和优化。通过引入先进的数字化工具和技术，打通信息孤岛，实现数据的互联互通和高效利用。彻底地重新定义业务，数字化转型不是简单的技术叠加或替换，而是对现有业务模式的根本性变革。企业需要勇于摒弃过时的观念和做法，以市场需求为导向，重新设计产品和服务体系。通过不断创新和优化，打造独具特色的竞争优势。实现更高效、灵活和创新的运营模式，数字化转型为企业带来了前所未有的发展机遇。通过引入智能化技术，企业可以实现生产流程的自动化和精细化管理，提高生产效率和产品质量。同时，借助大数据分析和人工智能技术，企业可以更准确地洞察市场需求，为客户提供个性化的解决方案和服务。

3. 数字化转型的未来展望

随着科技的飞速发展和市场竞争的日益激烈，数字化转型已成为企业生存和发展的必由之路。未来将看到更多的企业加入数字化转型的行列中来，不断探索和创新适合自己的发展路径。政府、行业协会等各方力量也将继续加大支持力度，为数字化转型提供良好的外部环境和资源保障。在这个过程中，企业需要保持敏锐的市场触觉和战略定力，紧跟时代步伐，不断调整和优化自身的数字化转型策略。通过持续的努力和创新，我们相信企业将能够在数字化转型的道路上取得更加辉煌的成就。

（二）智能化技术的深入应用

1. 人工智能（AI）的广泛应用

人工智能（AI）技术已经成为当今企业发展的关键驱动力。从生产制造到客户服务，AI 技术都在逐步实现各环节的智能化，极大地推动了企业的进步。在生产制造环节，AI 技术通过机器学习算法优化生产流程，从而实现生产效率的显著提升。例如，在生产线上，通过 AI 技术对生产过程进行实时监控和调整，可以减少不必要的停机时间，确保生产线的连续稳定运行。此外，AI 技术还能对设备进行预防性维护，提前发现潜在问题，避免因设备故障而导致的生产中断。在客户服务方面，AI 技术同样展现出了强大的实力。利用自然语言处理技术，AI 技术可以准确地理解客户的需求，并提供快速、准确的响应。这不仅提升了客户服务体验，还提高了客户满意度。同时，智能推荐系统能够根据消费者的历史购买记录和浏览行为，为其提供个性化的产品和服务建议，从而增加销售额和客户忠诚度。

2. 自动化和机器人技术

自动化和机器人技术在现代企业中的应用越来越广泛，它们正在逐步改变着传统的工作方式和生产流程。自动化流程在企业中得到了广泛应用。通过自动化软件，企业可以实现业务流程的自动化处理，减少人为错误，提高工作效率。例如，在财务管理中，自动化软件可以自动处理发票、账单等财务数据，大大降低了出错率，并提高了工作效率。智能机器人已经能够承担许多重复性、烦琐或危险的工作。在制造业中，智能机器人可以精准地完成装配、检测和包装等任务，大大提高了生产效率和产品质量。同时，它们还可以在恶劣或危险的环境中工作，从而保护员工免受伤害。

3. 数据分析和预测

在数据驱动的时代，大数据和数据分析技术已经成为企业决策的重要依据。通过收集、整理和分析大量数据，企业可以更深入地了解客户需求、市场趋势和业务运营情况。数据挖掘技术可以帮助企业发现隐藏在数据中的有价值信息。例如，在市场营销中，通过对客户购买数据的挖掘和分析，企业可以发现消费者的购买偏好和消费习惯，从而制定更精准的市场策略。预测分析则可以帮助企业预测未来的市场趋势和客户需求。基于历史数据和机器学习算法，企业可以预测产品的销量、库存需求等关键指标，从而做出更明智的决策。这种预测能力对于企业的长远发展和战略规划至关重要。

4. 云计算和边缘计算

云计算为企业提供了弹性、可扩展的计算资源，这不仅降低了企业的IT成本，还使企业能够快速响应市场变化。通过云计算，企业可以轻松地存储、处理和分析大量数据，提高了工作效率和决策速度。而边缘计算则进一步提高了数据处理的效率和响应速度。在边缘计算中，数据处理和分析在数据生成的源头进行，大大减少了数据传输的延迟。这对于需要实时数据分析的应用场景尤为重要，如自动驾驶、智能制造等领域。通过边缘计算，企业可以更快地获取关键信息，做出更及时的决策。智能化技术的深入应用正在改变着企业的运营方式和市场环境。从人工智能到自动化和机器人技术，再到数据分析和预测以及云计算和边缘计算，这些技术共同为企业提供了强大的支持和发展动力。随着技术不断进步和应用场景日益丰富，企业也需要不断适应和学习新技术以保持竞争力。在这个过程中，企业不仅需要关注技术的创新和应用，还需要重视数据安全和隐私保护等问题，确保智能化技术的发展能够在合法、合规的框架下进行。

机电一体化和轮机工程的未来充满了无限可能与挑战。随着技术的不断进步，机电一体化将呈现技术融合与智能化、高效能与节能减排、模块化与标准化以及远程监控与维护等发展趋势，深度学习与自适应技术的结合将极大提升机电系统的智能化水平，高效能动力系统和节能减排技术的研究应用则有助于实现可持续发展。模块化设计和标准化接口将推动机电一体化的通用性和互换性，远程监控和维护技术的普及则将提高运营效率。机电一体化和轮机工程的未来将更加智能化、绿色化、多元化。

参考文献

[1] 钟岚.基于多传感器信息融合的机电一体化系统设计 [J].现代电子技术，2021，44（12）：6-10.

[2] 邢湘利.多传感器信息融合下的机电一体化系统设计研究 [J].化纤与纺织技术，2021，50（10）：109-110.

[3] 肖天非.传感器技术在机电一体化系统中的应用 [J].现代农机，2022（1）：117-118.

[4] 钟兢.传感器技术在机电一体化系统中的应用分析 [J].中国设备工程，2019（15）：194-196.

[5] 杨吉恒，孟晶晶.数字传感器技术在机电一体化中的应用 [J].现代工业经济和信息化，2019，9（8）：58-59.

[6] 孙筠，王志民.传感器技术在机电一体化系统中的应用及其发展 [J].湖北教育学院学报，2006（8）：68-69.

[7] 林青.浅析传感器技术在机电一体化系统中的应用 [J].福建广播电视大学学报，2011（3）：67-70.

[8] 祝书伟，徐仙国，谢茜茜.传感器技术在机电一体化的应用 [J].现代制造技术与装备，2019（6）：211+213.

[9] 王佩蓓.试析机电一体化系统中传感器技术的运用 [J].数字通信世界，2019（7）：210.

[10] 王旭东.试论传感器技术在机电一体化系统中的应用 [J].科技展望，2016，26（8）：78.

[11] 魏延鹏.传感器技术在机电一体化中的应用 [C].天津市电子工业协会.天津市电子工业协会 2018 年年会论文集，2018：23-25.

[12] 刘峥.关于机电一体化系统中的传感器与检测技术探究 [J].信息系统工程，2013（2）：71-72.

[13] 刘丁确.浅析传感器在机电一体化中的应用和展望 [J].现代工业经济和信息化，2016，6（1）：78-79.

[14] 赵一心.论检测传感技术在机电一体化中现状、应用及其发展 [J].制造业自动化，2010，32（12）：186-188.

[15] 尹姣姣，别虎伟.传感器在机电一体化系统中的应用 [J].集成电路应用，2023，40（10）：86-88.

[16] 安培成.浅析传感器技术在机电一体化系统中的应用 [J].内燃机与配件，2018（1）：82-83.

[17] 马宇丽.传感器及检测技术在机电一体化中的应用 [J].电子技术与软件工程，2018（9）：71.

[18] 刘潇.传感器技术在机电一体化的应用探讨 [J].山东工业技术，2019（11）：134.

[19] 曹聪，卜令欣.传感器技术在机电一体化系统中的应用研究 [J].中国设备工程，2019（7）：139-140.

[20] 涂祖蕾，何滔.浅析传感器技术在机电一体化系统中的应用 [J].内燃机与配件，2020（17）：188-189.

[21] 赵亮.机电一体化系统中传感器技术的运用研究 [J].中国管理信息化，2020，23（4）：183-184.

[22] 肖天非.传感器技术在机电一体化系统中的应用 [J].现代农机，2022（1）：117-118.

[23] 刘晓航.微电子设计自动化技术研究与应用 [J].电子技术与软件工程，2017（5）：260.

[24] 张明文.对新形势下微电子设计自动化技术的研究与应用 [J].信息与电脑（理论版），2017（12）：96-97.

[25] 王艳，张宝坤.机械设计制造及其自动化发展方向 [J].化工装备技术，2017（4）：112-114.

[26] 吴木旺，任丽梅，查良松.基于动态分段技术的城市公交系统数据库的建立 [J].地理信息世界，2017（3）：61-65.

[27] 张明文.对新形势下微电子设计自动化技术的研究与应用 [J].信息与电脑（理论版），2016（12）：96-97.

[28] 陈云超.微电子技术在自动化控制中运用分析 [J].大众标准化，2023（19）：41-43.

[29] 胡春荣 . 计算机技术在机电一体化专业中的应用探讨 [J]. 内江科技，2021，42（2）：137.

[30] 谢湘平 . 船舶轮机工程在检验中的常见问题及对策 [J]. 船舶物资与市场，2022，30（5）：77–79.

[31] 李昌宽 . 船舶轮机工程在检验中常见问题及对策探析 [J]. 中国设备工程，2022，489（1）：181–182.

[32] 郑江龙 . 船舶轮机工程在检验中的常见问题及对策分析 [J]. 新型工业化，2021，11（8）：127–128.

[33] 黄宇辰，胡义 . 船舶轮机检验常见缺陷及排除措施分析研究 [J]. 科技与创新，2021，177（9）：104–105.

[34] 张铭 . 船舶轮机在检验中的常见问题及对策 [J]. 内燃机与配件，2017，243（15）：72–73.

[35] 巩运旺 . 船舶轮机检验常见缺陷及排除措施 [J]. 设备管理与维修，2022，523（14）：88–90.

[36] 马克文 . 船舶轮机检验常见缺陷及排除措施 [J]. 船舶物资与市场，2023，31（8）：90–92.

[37] 王轶 . 智能控制技术在机电一体化系统中的应用 [J]. 科技传播，2020，12（10）：151–152.

[38] 陶珍 . 机电一体化系统中智能控制的应用及发展趋势 [J]. 现代工业经济和信息化，2020，10（8）：72–73，86.

[39] 王泮泮 . 机电一体化与机械制造智能化技术的融合分析 [J]. 集成电路应用，2023，40（6）：248–249.

[40] 李冬丽 . 智能消防应急照明系统在民用建筑电气设计中的实践应用 [J]. 光源与照明，2023（3）：72–74.

[41] 陈帮贵，雷睿 . 电气自动化技术在照明系统中的应用 [J]. 灯与照明，2023，47（1）：28–31.

[42] 李勇，史玲娜，涂耘，等 . 基于自旋转原理的隧道太阳光反射照明系统设计 [J]. 激光与光电子学进展，2023，60（5）：246–253.

[43] 郭达 . 基于网络通信的智能照明系统设计：以某学校图书馆为例 [J]. 光源与照明，2022（10）：66–68.

[44] 孙悦，任洪波，吴琼，等 . 办公建筑照明系统仿真分析与多场景节能优化调控策略研究 [J]. 上海电力大学学报，2022，38（5）：488–494.

[45] 关靖皓.建筑电气照明系统节能设计研究 [J].电脑校园，2021（5）：920-922.

[46] 方培鑫，严虎，汪明，等.基于改进粒子群算法的分布式智能照明系统 [J].计算机测量与控制，2022，30（12）：284-291.

[47] 杨光.高精度节能控制技术在建筑机电照明系统中的应用 [J].光源与照明，2023（8）：195-197.

[48] 纪昊坤.机械设备电气工程自动化技术的应用 [J].内燃机与配件，2018（24）：182-183.

[49] 习强.机械设备电气工程自动化技术的应用 [J].电子技术与软件工程，2018（12）：126.

[50] 龙艳萍.机械设备电气工程自动化技术的应用 [J].中国战略新兴产业，2018（24）：29.

[51] 刘雪梅.浅析电气自动化技术在机械设备中的应用 [J].中国制造2025，2022（8）：52-53.

[52] 郑成平，张秋生.机械设备电气自动化技术在铁路运输中的应用 [J].交通运输技术，2014，28（4）：477-479.

[53] 王昕者.机械设备电气工程自动化技术的运用 [J].电工技术，2023（S1）：203-205，209.

[54] 孙刚.浅谈电气自动化控制系统的应用及发展趋势 [J].信息系统工程，2011（5）：100-101.

[55] 杨润东，贾慧领.电气自动化工程控制系统的发展应用 [J].现代信息科技，2019，3（4）：182-183.

[56] 尹红星.浅析电气自动化控制系统的应用及发展趋势 [J].自动化应用，2018（5）：141-142.

[57] 李书操.PLC 在水处理自动化控制系统的应用 [J].电子技术，2020，49（1）：100-101.

[58] 王树梅.电气自动化控制系统的应用及发展趋势 [J].现代制造技术与装备，2020（6）：194-195，197.

[59] 沈朝权.电气自动化控制系统的应用及发展趋势分析 [J].科技创新与应用，2014（21）：117.

[60] 周裕思.自动化技术在控制系统中的应用 [J].集成电路应用，2021，38（12）：272-273.

[61] 罗毅.基于计算机辅助设计的船舶轮机管系图纸研究 [J].船舶物资与市场，2023，31（12）：29-31.

[62] 张军.冰区航行船舶轮机设计要求探析 [J].船舶物资与市场，2022，30（7）：48-50.

[63] 董明达.基于有限元的船舶轮机叶片失效与改进设计 [J].珠江水运，2021（21）：15-16.

[64] 张勇亮，张均东，张志政.三维船舶轮机虚拟实验室的设计和实现 [J].计算机应用与软件，2019，36（1）：171-175.

[65] 洪为标.自动化与智能化技术在船舶轮机设计中的应用 [J].船舶物资与市场，2024，32（3）：116-118.

[66] 陈欣.船舶节能航速智能化系统研究与设计 [D].武汉：武汉理工大学，2013.

[67] 郝金凤，强兆新，石俊令，等.船舶设计节能减排技术策略 [J].舰船科学技术，2012，34（9）：3-10.

[68] 杨子龙.船舶柴油机节能减排技术发展趋势 [J].柴油机，2013，35（3）：21-24.

[69] 周筠.船舶轮机动力系统的节能与环保设计 [J].船舶物资与市场，2024，32（1）：70-72.

[70] 段卫辉.试析机电一体化系统中传感器技术的运用 [J].山东工业技术，2019（6）：154.

[71] 李宝修.机电一体化系统在机械工程中的应用研究 [J].内燃机与配件，2020（20）：190-191.

[72] 冉述.基于计算机视觉的智能车载感知系统设计实现 [D].四川：成都理工大学，2020.

[73] 江流.机电一体化技术在车辆维护中的应用 [J].集成电路应用，2022，39（11）：120-121.

[74] 王一钦.车载感知数据驱动的车辆异常诊断方法 [D].北京：北京交通大学，2021.

[75] 赵康.煤矿机电一体化技术在煤矿机械中的应用研究 [J].机械管理开发，2021，36（1）：255-256.

[76] 弓仲标.煤矿机电一体化技术在煤矿机械中的应用 [J].内蒙古煤炭经济，2021（1）：134-135.

[77] 王锐，高尚，敬帅．煤矿机电一体化技术在煤矿机械中的应用 [J]．中国房地产业，2020（9）：292．

[78] 罗毅．基于计算机辅助设计的船舶轮机管系图纸研究 [J]．船舶物资与市场，2023，31（12）：29-31．

[79] 张军．冰区航行船舶轮机设计要求探析 [J]．船舶物资与市场，2022，30（7）：48-50．

[80] 董明达．基于有限元的船舶轮机叶片失效与改进设计 [J]．珠江水运，2021（21）：15-16．

[81] 张勇亮，张均东，张志政．三维船舶轮机虚拟实验室的设计和实现 [J]．计算机应用与软件，2019，36（1）：171-175．

[82] 洪为标．自动化与智能化技术在船舶轮机设计中的应用 [J]．船舶物资与市场，2024，32（3）：116-118．

[83] 张祝强．机电一体化数控技术在机械加工中的应用 [J]．中国设备工程，2017（6）：117-118．

[84] 万春红．借助机电一体化数控技术提升机械加工成效的路径 [J]．现代制造技术与装备，2020，56（10）：178-179．

[85] 李成智．机电一体化数控技术在机械加工中的应用 [J]．集成电路应用，2022，39（4）：154-155．

[86] 潘禄，徐长远．探究机电一体化的发展及应用 [J]．科技风，2019（6）：64．

[87] 李衍磊．探究机电一体化系统在机械工程中的应用 [J]．百科论坛电子杂志，2020（2）：174．